公元2世纪的希腊地理学家托勒密（Ptolémée），
写了《地理学》一书。此书影响深远，
载有依据经纬度绘制地图的方法。

上图出现于15世纪，恰恰反映了托勒密
心目中的世界图像。在哥伦布发现新大陆以前，
它是最权威的宇宙志图。

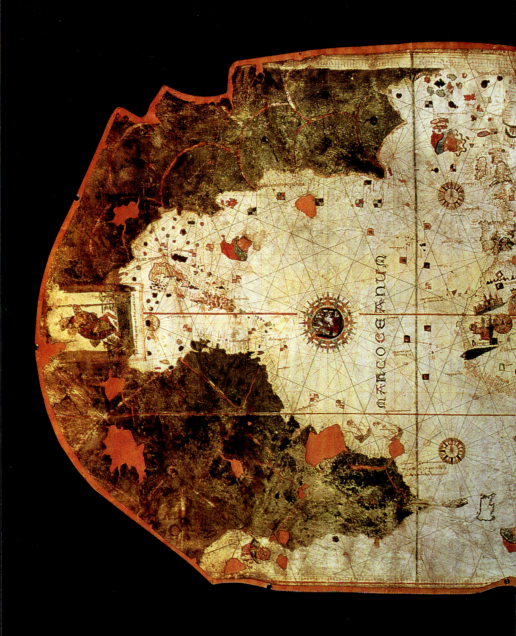

1500年，德·拉·科沙（Juan de la Cosa）
绘制了第一幅新世界地图。在图里可看到
陆块、岛屿，以及想象中的陌生部族。

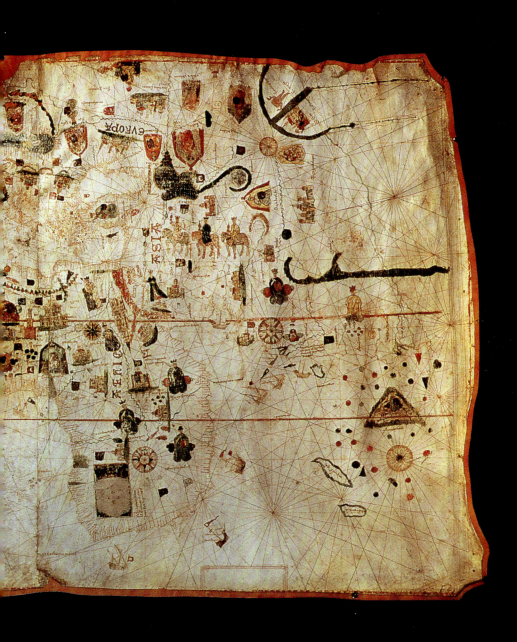

地图左侧的岛，是今日加勒比海东部的
圣基茨岛。哥伦布1493年初临此地，
把它命名为圣克里斯托弗岛。

发现新大陆后，欧陆强权竞夺势力范围。
西班牙和葡萄牙于1494年在托德西拉斯

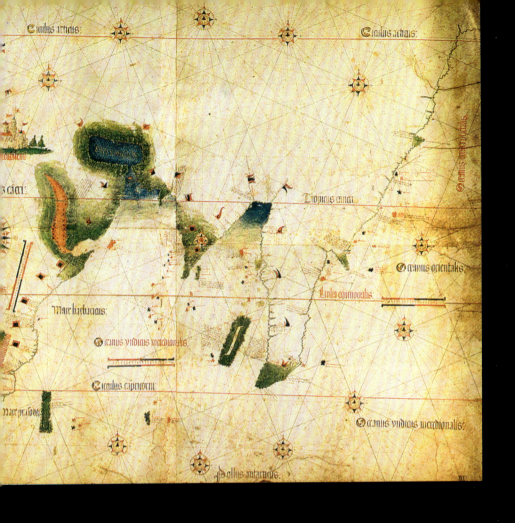

根据该约协议——佛得角群岛西侧分界线
以东地区属葡萄牙。这张1502年的葡萄牙地图
明确标示：巴西及纽芬兰为葡萄牙所有。

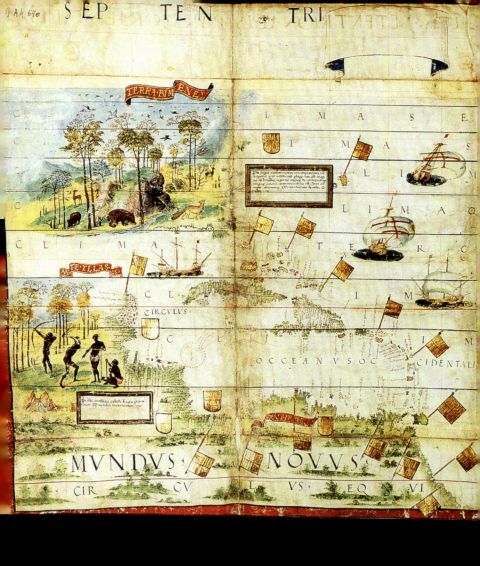

在这张1519年葡萄牙的精美地图上，
可以看到新大陆的土著、动物和树木花卉，
图案美丽，形象生动而丰富。

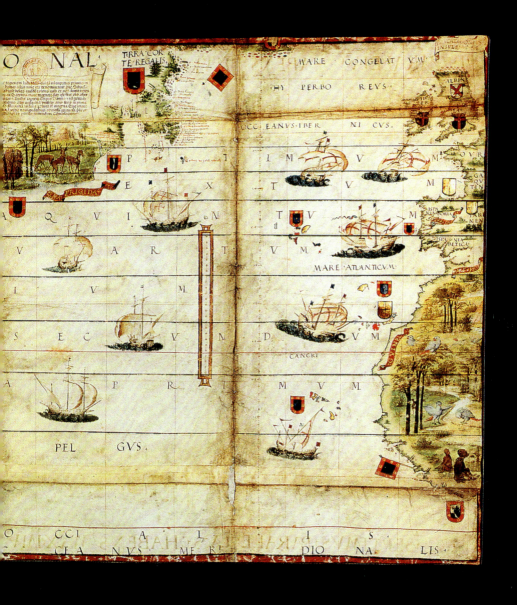

这张地图不仅显示发现新大陆确是非凡成就，
让人眼界顿时开阔；也显示欧洲人
对这片新天地仍然懵懂无知。

目 录

米歇尔·勒盖纳

作家暨文学评论家，

酷爱海洋及考古学。致力钻研哥伦布生平，

与友人合译过以哥伦布为主题的书，

也曾为三部研究哥伦布手稿的作品写序，

是享有盛名的哥伦布专家。

哥伦布

大西洋的海军元帅

〔法〕米歇尔·勒盖纳 著

顾嘉琛 译

吉林出版集团有限责任公司 | 全国百佳图书出版单位

大西洋一望无际，辽阔深邃，

北部海域终年封冻，南部炎热似火，

洋面中间的部分是一片陆地——

五百多年前的欧洲人，以为世界就是这样。

在欧洲"文明世界"，大家已经知道

人类所居住的地球是球形的，

但是仍然以为，住了人的地方

只在赤道以北，而且只占这地区的四分之一。

航海家们纷纷出海远航，探索未知的世界。

其中有一个人，既有梦想又有勇气，

凭着毅力迈向不可能的征途。他就是

克里斯托弗·哥伦布（Christophe Colomb）。

第一章

在历史的茫茫黑夜中

哥伦布的签字仍是有待解开的谜。最下面一行很容易认出是"克里斯托弗"，意为"基督的使者"。但上面排成金字塔形的字母的意义，迄今没有定论。

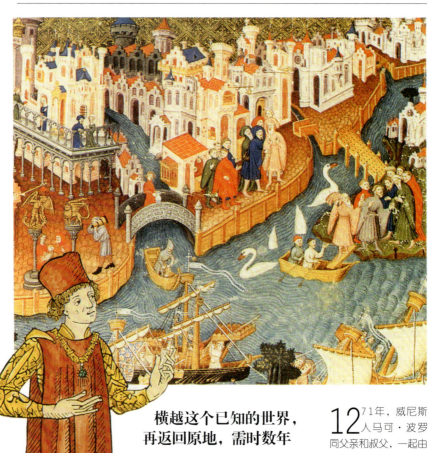

横越这个已知的世界，
再返回原地，需时数年

在"旧世界"里，虽然各陆块相互隔离，往来不易，却仍有不少商人和传教士，不断地奔走于各地。一些人不免会谈起他们的旅途见闻。其中，尤以威尼斯人马可·波罗最为著名。他写的《马可·波罗行纪》对于大多数人来说，或许只是一本"奇迹之书"，少数才智

12 71年，威尼斯人马可·波罗同父亲和叔父，一起由陆路来到中国。可是，这一回，哥伦布是要由海上去。这将证明亚洲并不位于南半球，它和位于东部的辽阔非洲并不衔接。托勒密，这位直至15世纪末仍为地理学家所崇拜的权威，早在公元2世纪就持有同样观点。哥伦布曾读过《马可·波罗行纪》的拉丁文译本。

敏锐之士却十分认真地看待它。

接着，一方面因为欧洲经济的迅速发展，一方面由于奥斯曼（Ottomane）帝国征服了近东，使得欧洲与亚洲之间的联系中断，欧洲人终于兴起了发现"新世界"的念头，并且开始重建"地理学"。

当时，葡萄牙的船只活跃于海上，航海技术先进，葡萄牙成为海上探险的先驱。而在西班牙，有一个人也正要展开冒险，寻找"新世界"。他的过人胆识和临危不惧的性格，使他终能横渡大西洋，登上一片不为人知的陆地。于是，对所有的欧洲人来说（不久以后，对全人类来说亦然），世界的版图，或者说世界的概念，顷刻间发生了根本的变化。前不久仍鲜为人知的名字——克里斯托弗·哥伦布，就此闻名天下！

哥伦布对基督教的信仰，可由他对圣母的态度上看出来。他第一次返航遇到风暴时所许的愿，以及他给加勒比海诸岛所取的名字，如圣玛利亚（Santa Maria）等，足证他确是虔诚的。

最伟大的荣誉，从零开始

当克里斯托弗·哥伦布首次远航归来时，他的名字以其西班牙文的称呼——克里斯托巴·哥伦（Cristobal Colón），传遍了整个欧洲。人们立即意识到发现新世界的重大意义。当时的西班牙专栏作家德·高马拉（Francisco Lopez de Gomara），一语道出这项发现的重要性："开天辟地以来，除了造物主的降生和死亡，最伟大的事件就是发现印度。"虽然哥

哥伦布的第一部传记，是他的儿子费南多写的。可是，很奇怪，这部传记是1571年在威尼斯译成意大利文发表，才为世人所知的。用卡斯蒂利亚语写的手稿，早已遗失。因此，人们怀疑有人篡改了传记的部分内容，而这人很可能就是他的孙子兼继承人——路易斯·哥伦布（Luis Colón）。

HISTORIE
Del S. D. Fernando Colombo;

*Nelle quali s'ha particolare, & vera relatione
della vita, & de' fatti dell'Ammiraglio*
D. CHRISTOFORO COLOMBO,
suo padre:

伦布发现的那块土地并不是印度，这句话的分量依然不减，尤其在基督教统治的国家和时代里。同时，这也不单是一种"爱国激情"的反映。因为即使从无神论或不带宗教色彩的历史观出发，同样必须肯定这一点：欧洲人的这项发现震撼了世界，改写了历史，也大大影响了基督教的传播。

　　这位冒险家生前获得了如此罕有的荣誉，然

而，至今人们对他25岁以前的事迹仍知之甚少。虽然与他同时代的人当中，有不少人曾撰写过关于他的文章，但是他一生中所经历的重大事件、他勇于冒险的缘由，以及这项探险行动的真正意图，依然笼罩着重重迷雾。五百多年后的今天，尤其是近百年以来，虽然历史已发展成为一门科学，众多的传记作家和史学家，对于这个充满神秘色彩的人物，却始终未能取得起码的一致意见。

诚然，哥伦布生前的沉默、他自身行为上的矛盾、诸多的流言，以及内容模糊不清的史料，使得后人在研究他的生平时倍感困难。然而，史学家们在研究哥伦布时，也未能摆脱个人的成见和偏爱。

这类偏激情绪中最强烈的，是民族主义。这种民族主义情绪，见之于对哥伦布"出身"的争议上。史学家们为他所诞生的地点和国家争执不休，似乎哥伦布的荣誉会使他出生的城市、所属的国家变得更伟大些。这一类争执确实颇有些天真，因为，今日的"国家"，在那时根本不存在，至多只是分裂且互相对立的城邦。而且在哥伦布心中，并无丝毫爱国主义的概念——将"爱国主义"这个词加诸15世纪的人，可说是完全弄错

哥伦布生前并没有留下任何肖像，因此也无真实肖像可言。当我们比较所有的哥伦布画像时，可以看出这些画像都带有想象色彩。所以，我们只有把这些画像与元帅的儿子对他所做的描述加以对照，才可能勾勒出哥伦布的面貌特征：长脸、颧骨凸起、鹰钩鼻、蓝眼睛，从30岁起便长出的白头发。本页左侧的这幅画像，较符合这些特征。

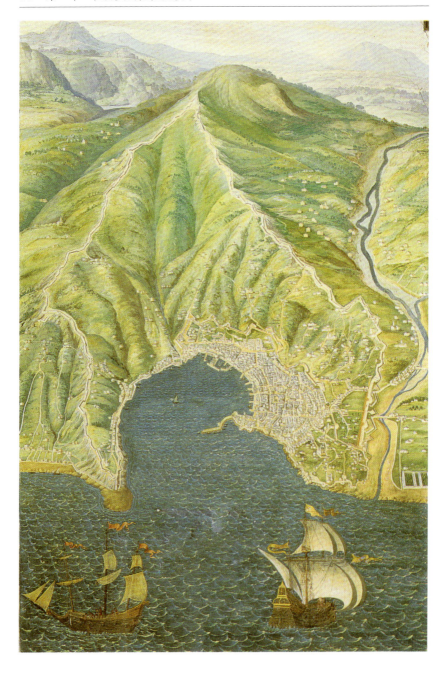

了时代。在哥伦布心里，除了一种忠于某个封建君王的思想以外，还有一分对基督教民族的忠诚。他最终的目标，乃是确保基督教民族在全世界的主宰地位。

一个热那亚人，一个多么怪的热那亚人啊！

　　哥伦布在他留传下来的有限文字材料中，清楚地说明了他原籍热那亚（Gênes）。由于哥伦布的出生证明或受洗礼证明，均已不复存在，史学家不得不从数量极少的文件中的日期，来推算哥伦布的年龄。然而，这些数字并不一致。有些史学家认为他最可能的出生年代是1451年。这一说法广被接受。但也有一些人认为，可向前推到1447年。

　　仅凭寥寥几份不够翔实的资料，以"想当然尔"的态度，大胆推论，来探索历史事实，确实是一件冒险的事。然而，许多史学家正是这样来做研究的。他们基于"哥伦布原籍热那亚"这一点，试图根据两份资料，来阐述他在25岁以前的生涯。但这些资料，仅足以证明他在九年间曾两度到过热那亚。想由此拼

奥斯曼帝国建立以后，通往近东和黑海的海路受阻，地中海沿岸地区的经济大为萧条。然而，以银行业为主的热那亚经济，却得以幸免。热那亚的银行家和商人，活跃于西班牙和葡萄牙的各大城市，纷纷把资本投入大西洋的航海事业中。

凑出他的生平事迹，恐怕稍显轻率。

　　哥伦布诞生在热那亚一个家境并不宽裕的布商家里。有一派历史学者便因此认为，他曾经在他父亲身边学习经商，后来又到城里的地纳克洛（Di Negro）和斯比诺拉（Spinola）两家大商行里当差，并往返于地中海上做买卖，直至1476年在葡萄牙沿海翻船为止。诸如此类看来似乎言之成理的说法，其实也颇有可疑之处：其一，这种说法与哥伦布自身的说法相矛盾；其二，这种说法解释不了他的航海经验。

哥伦布在一封致西班牙国王的信中说，他于1472年为安茹（Anjou）的勒内（René）效力时，曾奉命前往突尼斯，拦袭一艘叫费南迪纳号（Fernandina）的西班牙帆桨大木船。许多史学

拉·卡萨（Las Casas）写道：哥伦布决定搭乘当时最大的武装商船出海。这艘船叫作青年哥伦布号（Colombo le Jeune）。这艘船在里斯本和圣维森特角之间，伏击四艘威尼斯人的帆桨大木船。据说，正是在这场海战中，哥伦布的船着了火，他跳海游到葡萄牙。哥伦布宣称这次战斗发生于1485年。事实上，当时哥伦布已在西班牙。另一种说法是：1476年，在同一海域里有一艘名叫卡桑诺夫·古隆号，又名青年哥伦布号的法国武装商船，也曾攻击一艘热那亚商船。哥伦布传记巧妙地为他的行为脱罪。

家对这件事颇感怀疑。首先，信件的内容不合理，例如，哥伦布自述他在罗盘仪上作假，使船员们误以南为北。其次，才21岁的年轻人能担当一艘船的指挥大任吗？

谎言掩盖下的真相

除了上述疑窦外，哥伦布曾在若干重大事件上撒过谎，因而使得他的信用受到质疑。例如，他给自己编了一部家谱。按照这部家谱，他的祖宗可追溯到一位罗马时代的领事。这位领事在罗马史学家塔西佗（Tacitus，约55—120）的著作中确有记载，

葡萄牙人率先利用星象来导航，以便在大西洋航行时测定纬度。他们使用星盘和象限仪，测定北极星与地平线间的夹角。当时的误差为五度。

可是此人并不是如哥伦布所说的叫作Colo，而是叫作Cilo。在哥伦布所处的时代，于家谱中寻根溯源直至希腊罗马时期，是一种风尚。一些权贵更是热衷此道。假定哥伦布自己编造了这部家谱（用"假定"二字，是因为迄今尚无证据可以证明这一点），那也是件相当单纯的事，时势所趋罢了，并没有造成什么严重的后果。

那么，到底他信上所说的事是真是假呢？聪明的说谎者，不会说出对自己不利的谎言，而任谁也不能否认哥伦布是聪明人。然而，他在给西班牙阿拉贡王国（Aragon）斐迪南（Ferdinand）国王的信上，竟说自己曾为斐迪南父亲的对手——安茹的勒内大公——效力过。如果所说不实，哥伦布编造这样的谎言就未免太愚蠢了。这位勒内大公，曾为了争取继承那不勒斯（Naples）和加泰罗尼亚（Catalogne）王位，和斐迪南的父亲开战，甚至拦袭一艘叫作费南迪纳号的西班牙船。因此，我们可以推断，哥伦布信上所言确有其事，这也证明了哥伦布确实从事过海盗活动。

接下来的疑点是，一位年仅21岁或25岁

外号叫"好国王"的勒内（安茹大公，上图），是路易十一（Louis XI）的侄子，1435年成为那不勒斯王位继承人。但是他在与阿拉贡的阿方索（Alphonse）的斗争中失败，未能当上那不勒斯王。之后，他的私生子费朗特（Ferrante），在1458年根据遗嘱取得那不勒斯王头衔。加泰罗尼亚人揭竿而起，反对阿拉贡的新君主胡安二世（Jean II），并在1472年要求把伯爵爵位赐予勒内大公。1479年，胡安二世的儿子斐迪南（左图）成为阿拉贡王。他在十年前娶了卡斯蒂利亚的公主伊莎贝拉（Isabelle）为妻。1474年，她成为卡斯蒂利亚女王。

的青年，可能指挥一艘船吗？在那个时代，被认定是成年人的年龄比今天早得多。因此，哥伦布二十几岁即成为指挥官一事，实在毋庸置疑。可是，在承认这个事实之前，必须先假定：哥伦布在1501年致西班牙国王的信中所说的另一件事也是真实的。这封信上说："我从小就在海上航行，至今……已有四十多年了。"若他生于1451年，依此推估，那么他10岁就开始航海了。

　　1492年12月21日，他在航海日记中写道："我航海23年，不曾离开过海洋片刻。"除去在卡斯蒂利亚（Castille）待过七八年，那他14岁开始航海。而哥伦布的儿子费南多·哥伦布（Fernando Colomb），在

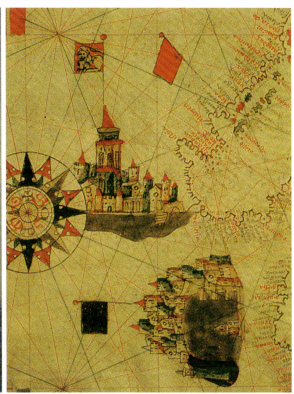

他所写的关于他父亲的故事中，提到另一封我们无法查证的信，信中也说哥伦布14岁开始航海生涯。以上两个引证并没有告诉我们哥伦布的年龄，但如果我们同意他出生于1451年的说法，并依据前述信件和日记中的记载来推算，那么，我们有理由相信，哥伦布从青少年时代起就是一名海员。

一位爱冒险又不愿受约束的聪明海员

那个时代的海员都是些什么样的人？当时，专门从事商务的船很少。热那亚有一支商船队，它用价格昂贵的大帆船，取代由囚犯划桨的双桅战船。当地的

地中海有五个海上强权——威尼斯、热那亚、佛罗伦萨（Florence）、巴塞罗那（Barcelone）和阿拉贡，它们拥有强大的商船队。船队中，大吨位的帆桨大木船逐渐取代了双桅战船。但是，尤为出色的是葡萄牙快帆船。这种船船体小，易操纵，能逆风而驶，在非洲沿海曾显赫一时。后来哥伦布正是乘这种快帆船发现新大陆的。

富商合伙出资将它购买下来，并加以武装。海员根据自己找到的工作，随不同的船只出海航行。

驾驶帆船在大西洋上航行，船员们的生活异常艰辛。

哥伦布有时为热那亚商人驾船出海，有时为加泰罗尼亚商船效力。即使这些船是海盗船，又有什么可大惊小怪的呢？他不受约束的性格，好奇而爱冒险的精神，并不是后来才形成的。他成年后所显示出来的特质，足以使我们相信他对自己青年时代的叙述。

虚虚实实的经历

1476年8月13日，哥伦布在一艘法国籍的加泰罗尼亚海盗船上当船员，船长名叫卡桑诺夫·古隆（Casenove-Coullon）。这艘船在一场发生在葡萄牙西南端圣维森特角（Saint-Vincent）的战役中，攻击热那亚商船。战斗中，哥伦布所在的这艘船着了火，他跳海求生，安全地游上了岸。

后来，哥伦布因为不愿意承认曾经攻击自己的同胞，遂把热那亚商船说成威尼斯商船，又把1476年的海战移花接木，说成另一场发生在1485年的海战。其实1485年时他早已离开葡萄牙，前往西班牙了。

哥伦布撒的这个谎，极易被拆穿。在寄给卡斯蒂利亚唐璜亲王（Don Juan de Castille）的奶娘的信函里，哥伦布说，"家族中第一个海军元帅"并不是他自己，而是海盗船长卡桑诺夫·古隆——古隆的儿子称父亲为"青年哥伦布"，而同时代的人有时叫他"哥伦波"（Colombo），有时叫他"哥伦"（Colón）。这段欲盖弥彰的血缘关系把线索搅混了，使哥伦布的同胞及里斯本的人搞不清事实真相。后来，在追加的遗嘱中，他要求给在海战中罹难的那位热那亚船主一笔匿

名的遗赠。他的这种做法，足以证明他曾编造谎言，混淆视听。

武装商船和海盗船之间的差异有时很小。美洲的黄金吸引了越来越多胆大包天的人。

葡萄牙掀起了一股航海探险热。

但他们的对象不再是地中海，

这片水域已成过去，

大西洋才是目光之所系，未来之所在。

1471年，葡萄牙人的船队越过了赤道；

1482年，他们到达刚果河口。

这些发现瓦解了"热带无法居住"的神话。

他们不以此为满足，雄心勃勃，

还要绕过非洲，驶向亚洲。

第二章

从光明走向地狱

德国航海家马丁·贝海姆（Martin Behaim，1459—1507）制作了最古老的地球仪。在他之前，欧洲可有人制作过地球仪？左页的图说"有"。事实上，哥伦布并未制作过地球仪，倒是做了个星盘仪。不过马德里航海博物馆所保存的星盘仪（右图），比哥伦布做的要好。

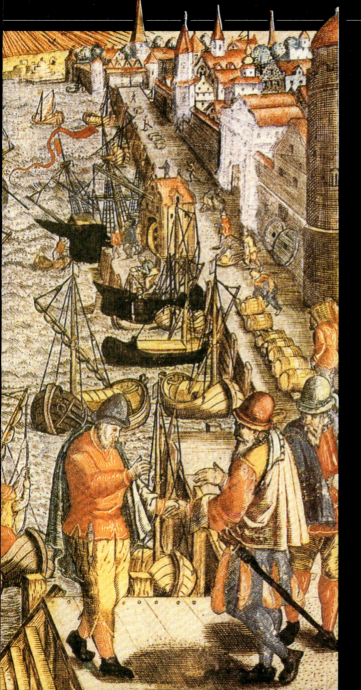

里斯本是远航非洲的中心。葡萄牙两度从罗马教皇那里得到垄断权，得以在非洲沿海岛屿和海岸从事贸易和设立商行。第一次是1455年教皇尼古拉五世（Nicolas V）时，第二次是西斯廷四世（Sixte IV）时。西班牙与葡萄牙为了避免冲突，遂相约以纬度来区分势力范围。后来，哥伦布发现了新岛屿，若昂二世就以从前的纬度区分协定，对这些岛屿是否属于西班牙提出质疑。《托德西拉斯条约》签订后，西、葡两国以经线为准来划分势力范围。若昂二世把葡萄牙的疆域推至亚速尔群岛和佛得角（Cap Vert）以西100至370海里处。这么一来，就把巴西也划入葡萄牙的势力范围，但缔约当时巴西尚未为人所知。若昂二世野心勃勃，想要保障葡萄牙船只的航行自由，在大西洋上能畅行无阻，也希望在通往好望角的航道上，找到其他岛屿，可供船队落脚，休养补给。

偶然的机运把哥伦布抛向命运的中心

1476年来到葡萄牙首府里斯本的哥伦布，如今已是一位领航员。1502年2月6日，他写信给西班牙国王，自称熟知地中海的各条航线。显然，他在航行中已学到许多东西。他能

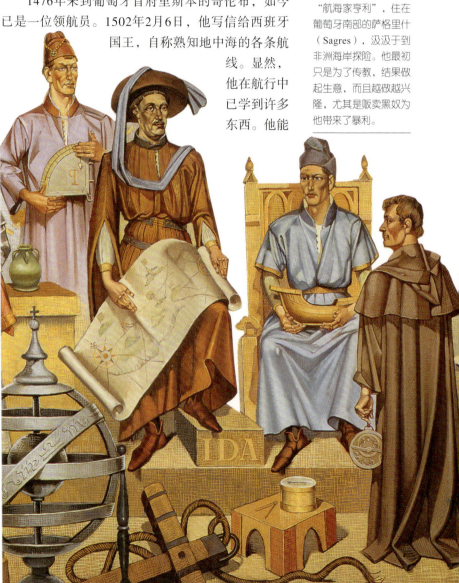

亨利（1394—1460）是若昂二世的叔祖父，外号叫"航海家亨利"，住在葡萄牙南部的萨格里什（Sagres），汲汲于到非洲海岸探险。他最初只是为了传教，结果做起生意，而且越做越兴隆，尤其是贩卖黑奴为他带来了暴利。

说好些种语言，包括加泰罗尼亚语和卡斯蒂利亚语。他像其他水手一样，说话时夹杂各种语言，但不时在文法和用字上出错。他能用拉丁文写点东西，虽然句法错误难免。他可能学过绘制地图的技术，否则，当他后来到葡萄牙时，就不可能成为受器重的地图制作者。

他在里斯本找到了胞弟巴代勒米（Barthélemy）。兄弟俩相差10岁左右，当时的巴代勒米年纪不超过20岁。他在日后成为哥伦布的副手。许多年后，巴代勒米成为制作地图的行家。

按正常逻辑，发现美洲的应是葡萄牙

葡萄牙是此时的强国，盱衡国力和局势，它有绝佳的机遇，本可发现美洲的。当时其他欧洲强权，不是忙于内战，就是为边界和邻国展开土地争夺战。不错，当哥伦布到达葡萄牙时，葡萄牙也正因王位继承权而打得不可开交——卡斯蒂利亚公主伊莎贝拉在兄长恩里克四世去世后，由国内贵族拥护，与葡萄牙支持的另一派交战。这场王位继承战争足足打到1479年。葡萄牙虽然参与了战争，但国力未受影响。

1481年，葡萄牙国王阿方索五世（Alphonse V）去世，儿子若昂二世继位。若昂二世向来对远航非洲和天文地理深感兴趣，登基为葡萄牙国王后，立即接手他叔祖父（外号叫"航海家亨利"）的航海探险事业。在哥伦布到达葡萄牙的前两年，有个叫费尔南·高曼斯（Fernão Gomes）的水手，和阿方

从前的人用象限仪（auadrant，又叫四分仪）来测定海平面与北极星之间夹角的度数，以确定纬度。可是，北极星要在晴朗无云的夜晚才能看到，而且，船只到了南半球就看不到北极星了。于是一过赤道，海员便用星盘来测定太阳经线的高度，以计算船只所在海域的纬度。不久，有人编制出图表，把全年太阳经线高度用确定的点标示出来。这样一来，船员航行在不同的"点"上时，很快就能知道，船只所在地距离南北其他点有多远。

索五世有过协议，1469年以来便在海上航行，到过几内亚湾内的费南多波岛（Fernando Po）。从1475年起，黄金、胡椒和黑奴便从今日的加纳（Ghana）运来欧洲。1482年，加纳沿海建立了金矿要塞（fort de la Mine），早先那里只是普通的拓殖地，兼营人口买卖和货物交易。

1453年，奥斯曼帝国攻占君士坦丁堡，控制了由地中海通往中亚的海上交通，自此之后，欧洲人航海活动的焦点不再是转口贸易，而是如何沿非洲大陆航行，到达盛产香料的地方。葡萄牙人早在15世纪初就已经前往非洲西海岸探险。但当他们发现，原先他们以为一直向东延伸的非洲海岸，在几内亚湾深处突然向西和向南折向时，他们心生疑怯，不知这片海岸会延伸到何处。

若昂二世召开了数学家委员会会议（Junta dos matematicos），想深入研究诸多航海的疑惑。此会议由大主教迭戈·高兹（Diego Cortiz）主持，与会者包括学者和星象学家，其中有两名姓维辛何（Vizinho）的犹太人。德国航海家马丁·贝海姆后来也前来参加会议。与会人士在会议

下面这座青铜塑像，是当时贝宁王国（Bénin，位于西非）人心中的欧洲人形象——其实，他们以为的欧洲人也只不过是葡萄牙人罢了。

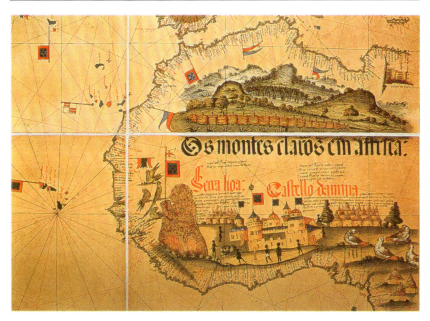

中共同研究所谓"权威"的观点：从亚里士多德到阿拉伯学者，从托勒密到萨克罗博斯科（Sacrobosco，1190—1250）等人的天文地理观点。他们在会中质疑：大西洋是"狭窄"的吗？欧亚大陆面积占地球表面的180度，还是更多一些？这些"度"用海里计算又是多少？尽管用心研讨，这些疑惑却都没有结论。

此前不久，有个叫托斯卡内利（Paolo del Pozzo Toscanelli）的意大利学者，曾寄信给葡萄牙朋友费尔南·马丁（Fernão Martins），并且附了一张他亲手绘制的地图。他在信中说，要前往印度，最近的路线必是由欧洲西边去。他这个看法不过是再次强调了亚里士多德和马林·德·梯（Marin de Tyr）的说法。可是，疑窦依然存在。尤其当水手纷纷折回，不敢继续向亚速尔群岛以西行驶时，怀疑变得更强烈。

金矿要塞建于1480年前后，从它的名字就足以想象，取这名字的人多么渴望金矿就在附近。那时，金子所具有的诱惑力，连香料也比不上。

探险需要才干非凡的人加入

在里斯本，研究讨论的气氛始终十分热烈。哥伦布置身这种环境中，吸收分析各种说法，很快就确信"向西航行能到亚洲"这个论点是正确的。

1477年2月，当他在北海航行时，远航亚洲的计划还没有成熟。但这次

北海之行具有特别的意义。

他到达今日的冰岛——他沿用托勒密的叫法，称这个岛为梯莱（Thilé）。他发现这个岛的位置在加那利群岛（Canaries）的经线的西边，亚历山大学院的地理学家却认为冰岛位于加那利群岛之中。哥伦布猜测，亚历山大学院的地理学家这样说，是由于他们把这岛群当作法罗群岛（île Féroé）了。这次远航他并未到达新的陆地。然而，他到达了爱尔兰西部，殆无

哥伦布在马德拉群岛（Madère）的圣港岛时，对着一幅地图若有所思。那时，他还没有结识托斯卡内利其人。

疑义。

　　1482年，迪奥各·凯（Diogo Cam）到达刚果（Congo）。不久，哥伦布航行到金矿要塞，他认为该要塞位于"赤道"以南。若不把"赤道地区"包括在内的话，哥伦布的这个认定，约有五度误

这张地球图发现于20世纪30年代，由一位叫克里诺（S. Crino）的学者在佛罗伦萨掘得。他认为该图可追溯到15世纪末，由托斯卡内利绘制。此人多才多艺，集地理学家、星象学家、数学家及医生等头衔于一身。

差。哥伦布目睹了这"酷热的"地方是可以住人的。而这意见与许多古代"权威"观点相左。在这次航行中，他还努力核实"度"的值。

哥伦布成为地图绘制的翘楚

那时候画地图的人，都以既有的世界地图为蓝本，再根据旅行家在游记中所提供的材料，以及探险家的报告，在旧图上修正或补充。在里斯本可以找到许多地图，意大利文、加泰罗尼亚文、葡萄牙文的都有。哥伦布为了得到更详细的资料，勤奋地阅读各种天文地理著作，例如阿里主教的《世界印象》

哥伦布用沙漏来计算时间，工具是一根普通的带结的绳索。在16世纪中期，沙漏仍是在大西洋航行时不可或缺的器具。美国海军上将暨史学家莫里森（S. M. Morison）写道："现代的水手，若使用哥伦布的仪器，绝不可能获得可与哥伦布媲美的成就。"

mundi

（*Imago Mundi Incipit*），教皇庇护二世（Pius Ⅱ）的《名人丰功伟绩史》（*Historia rerum ubique gestarum*），以及老普林尼（Pline）的《自然史》（*Histoire naturelle*）等。哥伦布也许太有志于航海事业了，所以当别人把托斯卡内利的信和地图给了他，他不仅立即抄录下来，甚至把收件人姓名变更为他自己。有人认为他的婚姻也含有功利的成分。他的妻子菲利巴·莫尼兹·贝雷斯特洛（Filippa Moniz Perestrello），是圣港岛（Porto Santo）世袭长官之女。哥伦布1479年

Reglmiéto de nauegació

Contiene las cofas que los pilotos hã
de faber para bien nauegar: y los remedios y auifos que han de
tener para los peligros que nauegando les pueden fucceder.
Dirigido a la Real Magestad del Rey don
Philippe nueftro Señor.
Por el Maeftre Pedro de medina vezino de Seuilla.

娶菲利巴时，她父亲已去世，由她的哥哥继承长官职位。哥伦布是在圣人修道院邂逅她的。这家修道院名义上只接待富家的小姐，其实这些小姐并非个个出身富裕，菲利巴家境就不怎么样。婚后哥伦布在圣港岛住了一段时间。1480年，长子迭戈诞生。

　　哥伦布在圣港岛期间，无时不思索有关航海的事。亚里士多德和德·梯的论点始终铭刻在哥伦布脑际。预言家埃斯特拉（Esdras）认为地球面积的六分之一是海洋，这个判断也深得哥伦布的同意。哥伦布想必是看熟了一些旧地图。这些地图参考了托勒密的地图和中世纪的各大洲图像制作而成，张张引人遐想：有一块陆地，可能位于赤道或赤道以南地区，何时能找到它呢？

　　分仪和星盘这两种仪器，本来是星象学家用来观星的，后来船员也拿来用在航海上。由于借用了这些仪器，天文学逐渐成为一门具有科学性质的学科，而星象学则被冠上"伪科学"之名。不过不要忘记，观察星体运动的方法，大部分是星象学家总结出来的。

哥伦布向若昂二世开口要钱和船

　　若昂二世说："不行！"他之所以拒绝哥伦布，原因有很多，大致可以归纳成三点：第一，前几次的冒险行动都以失败告终。第二，对非洲海岸的探险已颇有成绩，巴托洛姆·迪亚士（Bartholomeu Dias）不久后便到达好望角，似乎不需要投注太多心力在航海活动上了。最后一点，可能是哥伦布要价太高。

　　据拉·卡萨的说法，这笔钱的数目其实和哥伦布后来从西班牙国王那里得到的一样，而若昂二世认为这是笔巨款。哥伦布对索价过高一事提出辩解时，以坚定不移的信念来说明这项探险的重要性——他要找到新大陆，然后用基督教统一世界。他自感肩负重任，如同圣女贞德（Jeanne d'Arc，1412—1431）曾担负"天命"。

　　哥伦布遭拒绝后，便另谋出路。1484年（或1485年），他太太菲利巴病逝。哥伦布不愿

1488年，巴托洛姆·迪亚士到达非洲最南端的海岬，把它命名为"风暴角"，后来国王若昂二世易名为"好望角"。葡萄牙人坚持不懈，终于有了成果：通往亚洲的航路打通了。马丁·贝海姆从里斯本回到德国纽伦堡，利用这次地理大发现的成果，制作了全世界第一个大地球仪。

再蹉跎，乘船悄悄离开葡萄牙。弟弟巴代勒米仍待在葡萄牙。一直到1488年，迪亚士远航归来，证明没有其他航路通往亚洲之后，哥伦布才要巴代勒米去英国，求见亨利七世（Henri VII）。可是为时30年的玫瑰战争（1455—1485）刚结束，英国国力大伤，颇需一段时日休养生息。巴代勒米提出的计划，英王根本无心听取。

葡萄牙国王若昂二世才智过人，具有进取精神，是同时代欧洲各国君王中最开明的。他全力推动叔祖父所开创的航海事业，并把它提升到科学的层次。数学家委员会正是由他创立的。

冒险向卡斯蒂利亚提出计划

据说，哥伦布来到安达卢西亚（Andalousie）时，简直像个衣衫褴褛的乞丐，路上偶遇拉比达（La Rábida）修道院的修士，向他们要水给那时五岁的儿子迭戈。事实上，哥伦布在西班牙西南隅的帕洛斯（Palos）上岸后，直奔韦尔瓦（Huelva），投奔他亡妻的两个姐姐——维奥兰（Violante）嫁给了米凯尔·缪利雅（Miguel Mulyart），依秀（Iseu）嫁给贝特鲁·科拉（Pedro Correa）。哥伦布很可能是通过这两位大姨子的介绍，才得以结识拉比达修道院的修士。他把儿子交托给修士抚养。贝雷兹（Juan Pérez）则介绍他认识马歇纳神父（Antonio de

Marchena），他是一位星象学家，不但支持哥伦布的想法，日后还大力相助。

哥伦布在卡斯蒂利亚头几年怎么过的，实情无人知晓。是拉比达的修士将他引荐给梅梯纳-西多尼阿公爵（Medina-Sidonia）的吗？他到那里的第一年，在公爵家小住过吗？详情迄今成谜。只知道不久后，另一位大人物，梅梯纳塞利伯爵（Luis de Medinaceli）请他去家里住了两年。这期间发生了一件大事：

斐迪南国王和伊莎贝拉王后把梅梯纳塞利的伯爵封地升级为公爵封地。看似晋爵，其实别有文章。梅梯纳塞利的妻子，是斐迪南国王同父异母兄弟卡洛斯·德·维阿纳（Carlos de Viana）的女儿，这位王兄本来应当是加泰罗尼亚总督兼纳瓦拉（Navarre）国王。传说他被斐迪南的母亲珍娜·拉马拉（Jeanne la Marâtre）下毒害死了。于是在加泰罗尼亚爆发了一场暴乱，哥伦布经历了最后几年战乱。卡洛斯把王位继承权留给女儿——梅梯纳塞利伯爵夫人。国王、王后晋升梅梯纳塞利为公爵，那么他就没有资格继承纳瓦拉的王位了。

哥伦布在梅梯纳塞利府上暂住期间，很得公爵好感。公爵支持他的计划，并为他建造船只。然而，发现新大陆之后，公爵却说他当初认为此事应归王后管

辖，因此他并未全力促成。公爵之所以推诿，恐怕是因为哥伦布所要求的保证金过多，财力雄厚的公爵也无法答应他。

1486年4月或5月，哥伦布终于见到了王后伊莎贝拉和国王斐迪南。在此之前，卡斯蒂利亚的大司库瓜塔尼拉（Alonso de Quintanilla）热情接待他，还把他介绍给托雷多（Tolède）的大主教冈萨雷斯·德·门多萨（Pedro Gonzalez de Mendoza）。

考验、贫困、屈辱、失望的岁月

那时，西班牙国王集中精力要收复格勒纳德（Grenade），这是阿拉伯人在西班牙占据的最后一块领土，可是，他对哥伦布提出的方案也感兴趣。1479年，西、葡两国签订和约，结束两国间争夺非洲海岸垄断权的海战。根据条约，此后卡斯蒂利亚人不得登

拉比达的方济各会修道院，离帕洛斯六千米左右。在这座修道院里，星象学与航海事业是修士津津乐道的话题。哥伦布在这儿认识了马歇纳神父，两人经常在一起探讨科学问题。哥伦布写信给西班牙国王，说他"在卡斯蒂利亚的头七年里，除了上帝和马歇纳修士之外，没有其他人支持"。

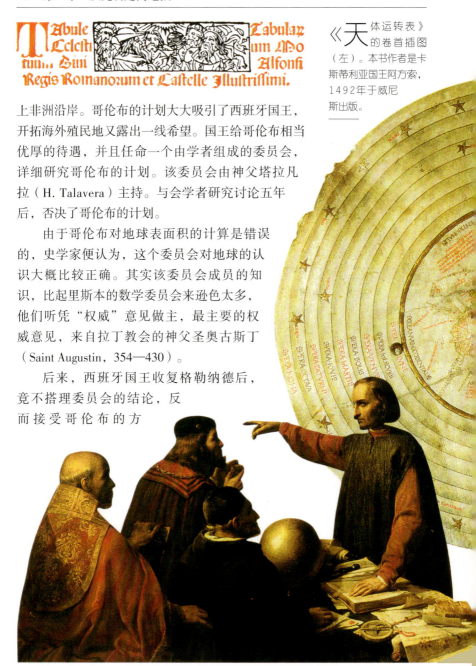

Tabule Celestium Motuum Siui Regis Romanorum et Castelle Illustrissimi.

Tabulax umm Alfonsi

《天体运转表》的卷首插图（左）。本书作者是卡斯蒂利亚国王阿方索，1492年于威尼斯出版。

上非洲沿岸。哥伦布的计划大大吸引了西班牙国王，开拓海外殖民地又露出一线希望。国王给哥伦布相当优厚的待遇，并且任命一个由学者组成的委员会，详细研究哥伦布的计划。该委员会由神父塔拉凡拉（H. Talavera）主持。与会学者研究讨论五年后，否决了哥伦布的计划。

由于哥伦布对地球表面积的计算是错误的，史学家便认为，这个委员会对地球的认识大概比较正确。其实该委员会成员的知识，比起里斯本的数学委员会来逊色太多，他们听凭"权威"意见做主，最主要的权威意见，来自拉丁教会的神父圣奥古斯丁（Saint Augustin，354—430）。

后来，西班牙国王收复格勒纳德后，竟不搭理委员会的结论，反而接受哥伦布的方案。委员会大为不满。委员会主席塔拉凡拉给王后写了一封信，时为1492年6月。信上说，超越了上帝为人间设定的界限就是造孽，灵魂将永远不能得救，灾难亦会接踵而至，他建议王后把哥伦布交给宗教裁判所处理。这是后话。

1486年1月，哥伦布错过了见国王的机会，于是他到科尔多瓦（Cordoue）等待国王再召见。在此期间，他认识了一位叫碧雅翠丝·昂里盖·德·阿拉纳（Beatriz Henriquez de Harana）的姑娘。碧雅翠丝年仅二十，后人对她的身世说法不一，但有一点可以肯定：她并非贵族出身，父亲是农民。哥伦布此时走投无路，这段爱情给他带来安慰。1488年8月15日，哥伦布又得一子，取名费南多。然而，哥伦布最终并没有娶碧雅翠丝，原因不详。哥伦布去世前，把碧雅翠丝托付给长子迭戈，并给她一笔钱。他说自己有愧，却不能用文字来说明缘由。我们可以这样猜测：他取得荣耀，

这张地图在19世纪才为人所知，洪西耶（Charles de la Roncière）认为是哥伦布绘制的。洪西耶提出的若干论据颇有说服力，例如，有关该图的传说，与红衣主教阿里著作上的眉批很接近。但仍有许多疑点，举例来说，图上的冰岛和法罗群岛位置颠倒，而哥伦布不至于犯下这种错误。因此，究竟作者是不是哥伦布，不能遽下断言。

志得意满后，不念旧情弃她而去；也可能是他加入了方济各会的第三会（Tiers ordre de Saint François），为了修行不得不这么做——哥伦布在晚年确实持守苦修生活。

希望渺茫，出航似无望

哥伦布逐一拜访权贵人物，多明我会（Dominicain）修士德扎（Diego de Deza）、阿拉贡的司库桑当耶（Luis de Santangel）等人，希望他们支持，但都碰壁。1488年，他再和葡萄牙国王接触，国王若昂二世不愿看到哥伦布的计划被西班牙接受，便给他一封手书，谕令准他返回葡萄牙。然而，哥伦布心思缜密，并没有仓促行事。这一年，迪亚士到达非洲最南端之后返回，往亚洲的通路已打通。前一年里，弗

1492年1月，西班牙攻克格勒纳德，西班牙土地上最后一块伊斯兰教徒占有的领地被收复，历时十年的战争终告结束。虽然这场战争说是为宗教信仰而战，事实上却是场封建战争。这十年里，交战两方签订过一些临时和约，也分别利用停火期寻找盟友。这场战争造就了一个统一的"以自然边境为界限"的现代国家——西班牙。后来在非洲土地上另有战火，是为扩张领土而发动的战争。

拉芒·冯·奥曼（Flamand Van Olmen）提了一个类似的计划，但他航行到了七城岛（Sept Cites）就再没有回来。哥伦布揣测，形势如此，若昂二世恐怕不会爽快答应。

1491年，学者、神学家再度开会磋商，但还是否决了哥伦布的方案。这时，哥伦布想求见法国国王查理八世（Charles VIII），另觅支持。他先派弟弟前往法国。哥伦布对西班牙仍抱一线希望，以前王后答应过，待西班牙攻下格勒纳德之后，再谈远航的事。1492年1月2日，斐迪南国王和伊莎贝拉王后入主格勒纳德，从此成为全西班牙国王。哥伦布也与国王同行。友人再次为哥伦布奔走，可惜委员会最终还是拒绝。哥伦布离开会场，心灰意冷至极。他只剩下唯一的希望——法国。

哥伦布想去法国的消息传开后，支持者要他留在西班牙，说此事犹有可为。桑当耶对国王说，格勒纳德之战消耗了国库大量钱财，他手中倒还有钱，他建议由国王作保，预支款项。这方法风险不大，可能获得的收益却无法估量。他说，即使哥伦布远航后一去不回，损失算不得太多；倘若他的想法成真，那么，付出这些代价也不算太昂贵。王后和国王终于点头同意。

传令兵迅速召回已动身拟前往法国的哥伦布。

哥伦布谈到德扎（上图）这号人物（他集多明我会修士、宗教裁判所总法官以及塞维尔主教等职务于一身）时，这样表达他的心情："幸亏有他，国王陛下才得到印度这片土地。要不是他力邀我留在卡斯蒂利亚，我早已出走。"哥伦布这段表白，只强调这位修士所付出的心力，对于其他支持过他的人来说，有失公允，对桑当耶尤其不公平。

哥伦布的努力没有白费。

从现在开始，他不必再四处奔走筹措资金，

而可以专心思索，如何按照计划向前行。

他深信自己的梦想必能成真，

伟大的事业不远了。

别人的探索行动大多盲目随机，

只有哥伦布信心十足，

要奔向那必然抵达的新大陆。

第三章

发现新大陆，
哥伦布载誉而归

维也纳艺术博物馆所保存的这幅肖像（左页图），据称画的是哥伦布。图中的人手持纹章，纹章上有两座卡斯蒂利亚城堡和两只狮子。右图这枚，则是西班牙王室下诏赠给哥伦布的。

从事这样一项探险行动，仅付出如此少的投资，是前所未有的

　　尽管西班牙国王赞同了哥伦布的计划，却不意味着所有问题都已解决，资金就是一大难题。远航共需200万铜钱，不是小数目。桑当耶从财库里掏出百来万，又从其他账目中支出若干。哥伦布向梅梯纳塞利公爵和塞维尔一名银行家预支25万。王后则向帕洛斯港征用两艘船，作为她在这项计划上的投资。此外，因故受罚的受刑人，只要愿意随哥伦布探险，就可以免除劳役。哥伦布的支持者中，有帕洛斯的船主兼船长平松（Pinzón）兄弟二人。这两人素来受水手拥护，甚有威望，这次大力招募了地方上的水手参加远航。

　　1492年3月31日，西班牙国王和王后一改昔日的容忍政策，采取严厉的手段对待异教徒，签署法令，大肆驱逐犹太人。4月17日，国王的秘书科洛马（Juan de Coloma），代表国王接受了哥伦布提出的所有要求：封哥伦布为贵族暨大西洋海

科拉·德·维瓦（Correa de Vivarr）笔下的西班牙犹太人（左图）。数百年来，犹太人在西班牙各地本来过得好好儿的，孰知西班牙国王竟假宗教之名，强迫犹太人离境，而且放任国人对犹太人敲诈勒索。

军大元帅，享有的权力和待遇与斐迪南国王的叔父，即卡斯蒂利亚海军大元帅相同；准他担任未来所发现的岛屿和陆地的总督，而且这些头衔都将世袭。此外，新发现土地上产品的百分之十归他所有；他也能参与新土地上所有的商业活动，投资和利润占总额的八分之一；发生诉讼案时他有裁判权。当然，哥伦布要取得这些头衔，必须付出相当代价——国王4月30日下令：只许成功，不许失败，否则一切赏赐都不算数。哥伦布就

哥伦布第一次远航是从帕洛斯出发的，但这港太小，无法实现远航目标。因此，第二次远航，他便由其他港口出发。他先后在加的斯、塞维尔两港启程。这两个港口在长达两个世纪的时间里，掌控了与新大陆的海上贸易。

这样成为"海军元帅"，他的姓氏将永远按卡斯蒂利亚语发音为"哥伦"（Colón），姓氏前加上代表贵族身份的称呼"唐"（Don）。

国王谕令所有水手听命于哥伦布

　　航行的准备工作需要四个月时间。平松兄弟里的哥哥马丁（Martín Alonso Pinzón），以为此行的目的地是有金屋顶的日本（那时叫Cipango），并且以此来说服水手，力邀众水手同行。他还与平塔号（Pinta）和尼尼亚号（Niña）这两艘船的船主合作。另一艘船

卡斯蒂利亚王室拒绝哥伦布的计划时，虽然都是由国王和王后共同具名，但实际上王后比较认同哥伦布的设想。国王正忙于欧洲大陆上的战争，无暇分心照顾其他事情。伊莎贝拉王后去世后，哥伦布便逐渐失宠了。

吨位更大，是向德·拉·科沙租来的。这艘船以圣玛利亚号（Santa María）之名流传至今，但在远航中，哥伦布把它叫作"nao"，意思是"元帅的旗舰"。

　　1492年8月3日，船队起锚，这一天恰好是国王下令驱逐犹太人离境的最后期限。这支小船队共有九十多名船员，其中一部分是忠实追随哥伦

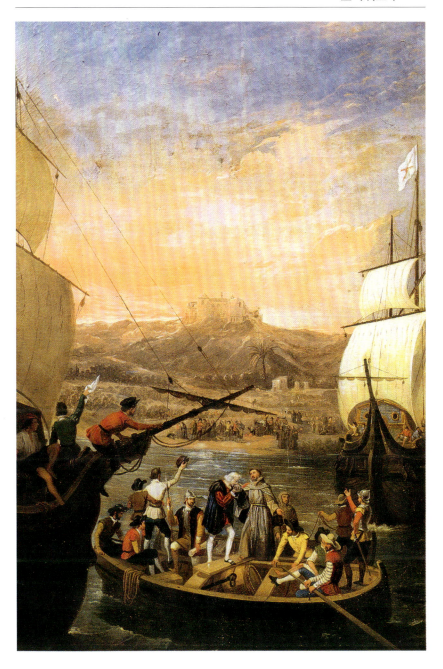

布的人，例如碧雅翠丝的兄弟和表兄弟；另一部分是官员，如国王的侍从官和检察官。可能也有姓名不详的犹太人，得到哥伦布身边人的庇护，带上船当水手。这些犹太人已"改宗"（改变宗教信仰），被称为"改宗者"。

前路漫长而艰险，航程中麻烦不断

甫上路时，平松信心十足，但麻烦随即出现。心怀鬼胎的水手，与外人合谋，弄坏了平塔号的舵。船队被迫停在加那利群岛，一面修舵，一面要把尼尼亚号上的三角帆换成方帆，以便加快速度。大队人马在岛上待到9月6日。这时，有人看到葡萄牙船只在岛屿外海巡游，目的不明，哥伦布命令船队避开葡萄牙船只。船队愈行愈远，当最后一片陆地从视线中消失时，许多船员都"哭泣起来"。哥伦布一边安慰他们，说一定会找到财富，见到陆地；一边却隐瞒已行驶的实际海里数，原来他担心水手得知实际航程后会害怕。

纹章并不一定是高贵身份的表征，平松的纹章（上）就是如此，1493年哥伦布给自己设计的纹章，也无贵族气派（中）。

哥伦布选择的航道，和后人驾帆船前往新大陆的路线很接近。可是，哥伦布一上路就遇到逆风和逆流。进入北大西洋的萨加斯海域（Sargasses）时，海员又产生恐惧情绪。这也难怪，以前有许多船只就是在这片海域折返的。哥伦布竭力说服他们，说离陆地不远了。他对所有迹象都提出有利的解释：鸟朝太阳下山的方向飞去，是因为它们要去陆地过夜，可见不远处有陆地；逆风起时，他又说这样一来回程会更方便。

可是，日复一日，仍不见陆地，哥伦布的谎言和动人辞藻已无人相信。9月24日，大帆船上发生骚乱，水手要求回西班牙。哥伦布软硬兼施，一方面厉声威胁水手，一方面又温言许下新诺言。25日，平松说他看见西南方向有陆地，但这只是错觉，他所见到的其实是天边的云，不过，他的错觉倒平息了骚乱。还好，接下来几天，天朗气清，船队快速航行，未发生任何事故。

10月6日，平松和哥伦布起了争执。平松想朝西南方去，前往哥伦布曾允诺的遍地是黄金的地方，而哥伦布却要向西行驶，寻找日本国。最后船队服从海军元帅的旨意，向正西方前进。翌日，空中鸟类密集群飞，哥伦布修改航向，转舵向西南方驶去。11日，他们看到水上漂着绿色的芦苇和垂挂果子的树枝。傍晚，平塔号上的水手特里亚纳（Rodrigo de Triana）率先看见陆地。12日凌晨2点，陆地清楚地出现在眼前。36天艰辛航行，他们终于成功了。

担忧一扫而空，全体水手共享欢乐

他们所到的是卢卡约群岛（Lucayes）中的小岛，即今日巴哈马群岛（Bahamas）之一。当地人称这个岛为瓜纳阿尼

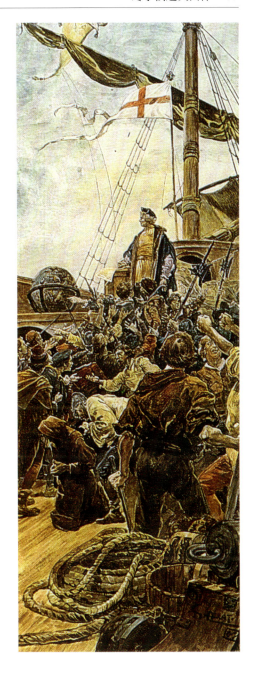

（Guanahani），哥伦布则把它取名为圣萨尔瓦多（San Salvodor）。现代的史学家认为，这个小岛其实就是今日的华特林岛（île Watling）。

哥伦布和水手知道这是什么地方吗？当然，这不是日本，根据《马可·波罗行纪》，日本可是有金屋顶的国家。相传附近有岛屿，可能叫作安提伊亚（Ante-Ilhia），旧地图上也沿用这名字。后来大家改口，用相近的音称安的列斯群岛（Antilles）。岛上的土著是泰诺人（Taïnos），属于阿拉瓦克（Arawaks）

第二次远航时的随船医生尚加（Chanca），描述过印第安人在身上涂色的习惯。他写道："他们的头发好几处剃光，有几处留着一绺绺小辫。这些小辫编织起来，式样特殊，难以描述。……当地人中最显贵者，身上挂满饰物，这种模样若在西班牙出现，一定会被当成疯子。"直到哥伦布第一次探险返回西班牙后，大家才在游行行列中看到这些印第安人的装扮。

这次探险中最让哥伦布一行人惊讶的，乃是他们遇到从未见过的人种。这些人所住的地方，并不是《马可·波罗行纪》中的亚洲，但长得也够奇特了。讶异归讶异，初识这些土著迥异于西方的风俗和文化，哥伦布和同伴们倒不怎么热衷，尽想着怎样才能把欧洲人的风俗和文明传给土著，要他们接受。

语系。土人看来友善，脑袋长得宽，黑发浓密有如马鬃。他们赤身裸体，身上涂了棕、白、红等色彩，手持长矛，矛头不是金属做的。他们坐在独木舟里，以木条状的东西为桨，在水中梭行，快速如鱼。他们给水手送来了不知名的水果、鹦鹉、棉花球。有些土人鼻子上挂着小金片，水手们看了大感好奇。

哥伦布原先预期会遇到黑人，当看到土人的肤色比想象中来得浅，他又有话说了。他认为这是由于这些岛的纬度接近加那利群岛。这个小岛上，树木蓊郁，生机勃勃。水手和土人通过手势交谈，得知附近还有许多小岛，若干岛上还有金子。哥伦布见土人性情温和，便想向他们传播基督教信仰。这当然可以解释成

哥伦布的船载满各种不值钱的小物件，如金属小铃铛、小镜子等，还有水手帽及一些稍值钱的衣料。这与他自称到过日本和中国的说辞，显然自相矛盾。中国和日本素以文明著称于世，从中、日两国带回的东西，必然不止这些小东西。土著盛行以物易物，水手就用这些小物品换取土著的金饰品。水手们往往用一些陶瓷碎片，就换得土著的黄金。

他一心一意要建立上帝的国家，但以今日的眼光来看，大可以说是出自种族优越主义的心态。

　　眼前，水手们尽情享受生活，日子充满了甜蜜情怀。水手用金属小铃铛、镜子、碎盘子等小玩意儿，向土人换取棉花及食品。双方对这种交易都很满意。这与原先的期待可矛盾了：船队启航时装载了各式各样不值钱的

小物品，而他们离开西班牙时，大家认为船队是要驶向高度文明的富庶国家，哥伦布甚至还带了封西班牙国王致大汗（忽必烈）的信——大汗在中国建立的蒙古帝国已于1368年被推翻，但欧洲人显然不知此事。后人由此推断，哥伦布一心想寻找传说中的岛屿，他所允诺的黄金、文明国度什么的，只是吸引合伙人的诱饵。确实，哥伦布心知肚明，带着上百人同行，他不可能成为统治亚洲的总督。他的目标是尚未被人探索的南半球。

语言不通是一大困扰，其他麻烦又接踵而至

　　泰诺人热情相待。10月15日，哥伦布让手下强迫七名土人当向导，登陆各小岛探察。有个土人趁水手不注意时开溜，哥伦布只好施小计笼络其他几个土人。他们每登上一个小岛就先命名，如"圣母""费南迪纳"，以表示对阿拉贡国王的敬意。后来他们到了一个比较大的岛，就取名"伊莎贝拉"。不久，他们到达古巴岛，哥伦布以为这就是华夏大地（Cathai）。

　　10月28日，他们来到拉·巴依阿·巴里耶（La Bahia Bariay）。此地秋天的气候相当于安达卢西亚的春天。众人四处搜寻，想与土著打交道。

首次远航归来，成果公之于世后，西方人大感好奇。哥伦布生前唯一发表的文件，是他写给桑当耶的信。这封信在1493年被翻译成拉丁文和欧洲各主要语言。下列文字意为"新发现的岛屿"。

fulis inuentis

眼前景致让人心花怒放，树木高大，处处奇花异草，水果和蔬菜种类繁多，见所未见。

哥伦布派了几个人，往海岛内部探索，由一名叫托雷斯（Luis de Torres）的人担任翻译。哥伦布航海日记中说此人是个"改宗者"，但他或许仍然是犹太教徒。托雷斯会说希伯来语、迦勒底语（chaldéen）和几种古老的语言。这支先遣小队不久返回，他们只找到一个大村落，受到村里土人和气的接待。

水手和土人交流日益频繁，语言造成的误解也就越来越多。水手们拿出从西班牙带来的东方香料标本给土人看，泰诺人说他们这儿也有。事实上，这里的花卉、动物和欧洲的十分不同，水手想要的桂皮、芦荟、麝香等东西，这儿根本找不到。

另外，土人说他们正在和"加尼巴人"（Canibas）交战，哥伦

哥伦布探险的目的，除了寻找黄金之外，还打算搜罗各色香料。哥伦布在航海日志中，说找到了他所要的东西。但揆诸日后情事，这显然是不实之词。

布认为加尼巴人一定不是大汗帝国的
人，也不是阿里书中所提到的长狗头
的人。事实上，哥伦布是被发音给
弄迷糊了：土人说的是"加里巴
人"（Caribas），也就是吃人肉
的"加勒比人"（Caraïbes）。
这名称后来演变为"食人者"
（cannibales）。

　　在小安的列斯群岛，这
些食人肉的加里巴人四处袭
击阿拉瓦克人，逼得阿拉
瓦克人无路可逃。

　　土人佩戴的金饰品
极引人注目。土人说，
他们在水里找到这种金
属，然后敲打成手镯和
耳环。这么说来，岛
上大概没有金子，金
矿在其他地方。

　　11月21日发生了一件
出人意料的事：平松乘平塔号离岛
而去。显然，哥伦布探索进展缓慢，平松大
为不满；另外，他也许对哥伦布独揽大权也不
以为然——他一直把哥伦布当合伙人，而不当
他是首领。

　　平松急于寻找黄金，可是印第安人总是说
金子在远方。在古巴岛的胡安娜（Juana）地
方，平松遇到一些头上戴了羽毛的印第安人，
欲阻止水手登陆，可是，双方实力相距甚大，
几个回合之后，土人只得逃之夭夭。

　　哥伦布不理会平松离去这事，继续前行。

美洲的花
开和欧
陆花开间的差
别之大，更甚
于两地区人种
的差异。美洲
有丰富的自然
资源，从大戟
科植物，到各
种水果，丰富
繁多，许多植
物（如菠萝）
是欧洲大陆从
未见过的。欧
洲人经过一段
时日才认识这
些东西。

祸事频传，令人不安

12月6日，哥伦布到达
海地岛的西北角。当地人叫
这岛"包依奥"（Bohio）。
哥伦布看到远处有一块地形状
像乌龟，便给它取名为龟岛。
哥伦布的翻译人员并不懂海地土
人的语言，误以为海地比古巴岛
大，而且岛上住的是会吃人的加
勒比人。哥伦布倒是这样
想：这些居民其实并不吃
人肉，他们是大汗帝国的
臣民，经常劫持外来人，
由于被劫者有去无回，外界
才会以为是被加勒比人吃掉了。海地
岛是最后一个仍有泰诺人踪迹的岛。显
然泰诺人对外来人存有戒心，他们之间
以烟火传递消息，互相告知有外人闯入。

12月16日，有一个土著首领突然出现，
他是当地酋长瓜卡纳加里（Guacanaguari）的
助手。18日，瓜卡纳加里亲自来见哥伦布，他
举止庄重，哥伦布对他印象深刻。

水手到处打听金矿。他们沿海岸探索，
来到一座金矿山，当地人叫这座山"西包"
（Cibao），而哥伦布——他想象力实在是丰
富——把这名字理解为"西邦各"（Cipango），又
以为这是日本。

几天后是圣诞节。也许是欢庆过度，乐极生
悲，夜航时整支船队居然只有一名小水手掌舵。
他一时疏忽，导致哥伦布所在的大帆船触礁，

欧洲人本以为这些
土著是"善良美
丽的野蛮人"，后来则
把他们看成"凶狠
可怕的食人
肉者"。

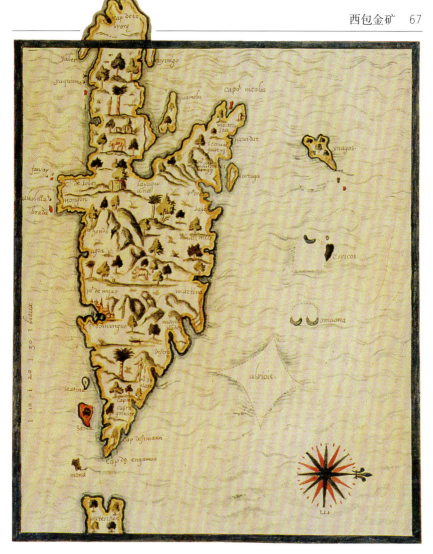

船底破裂，完全不可能修复。他们只剩下尼尼亚号了。瓜卡纳加里得知哥伦布的船触礁后，立即带一伙土人来救援，将船上的货物全都搬上岸。这事后，39名船员不得不留在名叫"圣诞岛"的地方，住进用木板临时筑起的小堡垒，由德·阿拉纳（Diego de Harana）、古铁雷斯（Pedro Guttiérez）及埃斯科韦多（Rodrigo de

拿 这幅1600年刻印的西班牙岛（即今海地岛）地图，与现代地图及哥伦布勾画的草图相比，可看出哥伦布的目测算是准确的。

Escovedo）三人领导。他们有酒有饼干，还有船上卸下来的炮和小救生船。哥伦布托瓜卡纳加里照顾这些人，并在他面前发射一颗石弹，把半沉的大帆船一侧打得粉碎。

酋长监督颇严，所以黄金顺利运来了。得到了黄金，还必须想法子运回西班牙去。哥伦布勾画了一幅该岛西北部的草图：这是他亲手绘制的地图草稿中唯一留传到后世的。从这张图上可以看到，他对地形掌握得很准确，图上沿海地势的起伏则稍嫌夸张了些，不过这是那时的人画地图时的通病。1月4日，平松所控制的平塔号向东行；6日，与哥伦布的船会合。平松没有找到黄金。哥伦布和平松见面时表情很冷漠，平松对自己

家笔下的马丁·平松，和他本人相貌不尽符合。若非平松大力相助，哥伦布恐怕很难找到足够的人手，共创远航事业。他们后来起了争执，原因是平松把自己当成哥伦布的合伙人，想和海军元帅平起平坐，而哥伦布为说服平松参与探险，信口编造许多异想天开的奇闻，事后平松知道真相，大感不悦。

不告而别并没有多做解释。哥伦布按捺住满腹怒火，毕竟他们离乡背井，而且快帆船需要捻缝，不宜心生嫌隙。他们最后遇见的土著是锡瓜约人（Ciguayos），比泰诺人好斗。

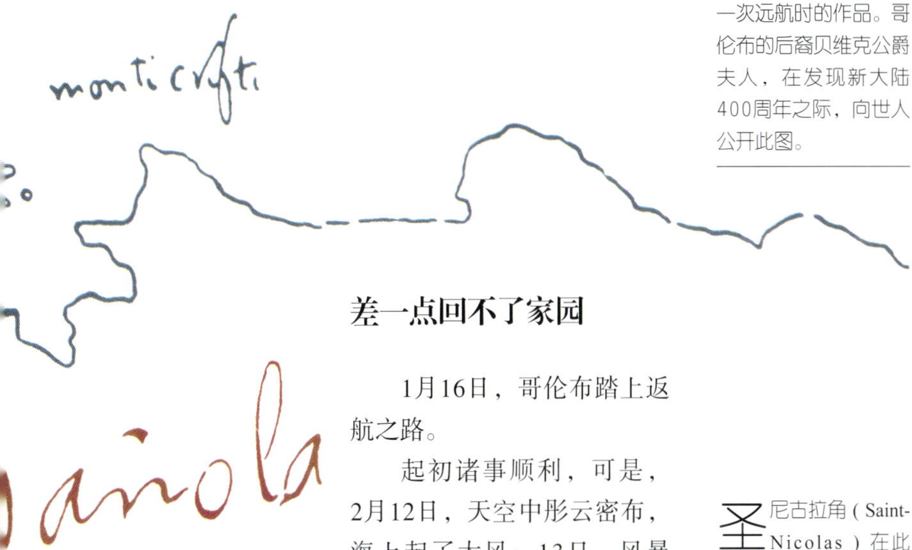

monti crvfti

差一点回不了家园

1月16日，哥伦布踏上返航之路。

起初诸事顺利，可是，2月12日，天空中彤云密布，海上起了大风；13日，风暴越来越猛烈；14日，两艘船失去控制，只得任凭风浪摆布。平塔号从尼尼亚号的视野中消失，尼尼亚号上的全体船员跪下求上帝保佑，并纷纷许愿，只要活着回家，一定去朝圣。船上已经没有压舱货，必须用海水灌满木桶来压舱，以防止船只倾覆。哥伦布把他的

aïiola

圣 尼古拉角（Saint-Nicolas）在此图的左侧，哥伦布在1492年12月6日曾经过此处。图中未见到高纳弗湾（Gonave），原来哥伦布并未行抵此处。这张草图画得很准确，龟岛、基督岛、伊莎贝拉角，及右侧的马科利角均标明在图上。西包的位置是胡乱标记的。拉纳维达（La Navidad，即圣诞岛）是哥伦布最早建立的殖民地。

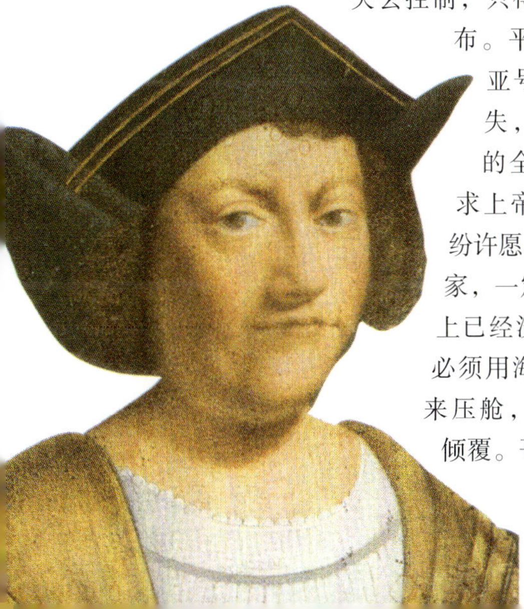

远航经过记录下来，然后装入木桶投入海里，以备万一罹难了，他的新发现也能为世人知晓。15日，天空放晴，陆地隐约可见，大概是亚速尔群岛。海浪依然很大，水手换乘小艇驶向陆地。岛上的长官允许他们登陆，却逮捕了其中去教堂还愿的水手。哥伦布见他们迟迟不归，心里已有数，等他见到一伙人手持武器乘小船前来示威时，便明白怎么回事。于是哥伦布向来人报告自己的身份，并厉言恐吓对方。2月22日，对方终于让步，被捕的水手返回船上，他们重新启程。2月27日，逆风又起，他们再次偏离航道。3月3日，海上突然刮来一股旋风，把船帆全部卷走。4日，哥伦布不得不进里斯本港避风浪——为什么偏偏是里斯本呢？他硬着头皮写信

15和16世纪的地图上，边缘都有花饰图案。左图里，好些人分别吹着和风、强风和星星。风中的玫瑰表示八个方位基点：北、东北、东、东南、南、西南、西、西北。这些玫瑰花标在指南针上，即使不识字的水手也能借花色辨认方位。返航时，哥伦布凭直觉预料，会吹与从非洲海岸返回时相似的风。可是，谁也料不到后来竟遇上风暴。

给葡萄牙国王若昂二世请求保护。几天后，到过好望角的迪亚士，奉命乘武装大帆船向哥伦布驶来，并邀请他上船。哥伦布拒绝了——身为卡斯蒂利亚国王的海军元帅，不便上对方的船。迪亚士未加勉强。8日，若昂二世

决定召见他，哥伦布便于次日前去拜见。若昂二世对他说，他所发现的地方理应归葡萄牙所有。哥伦布在拜见葡萄牙王后之后，于13日扬帆直奔塞维尔。

在这期间，平松的船在加利西亚（Galicia）海岸搁浅。平松派人送信给西班牙国王，企图抢功，并自己动身前往帕洛斯。但哥伦布已早他几小时到达帕洛斯。平松回来后就病倒了，不久即去世，据研判可能死于梅毒。梅毒的病毒源于新大陆，印第安人似乎具有部分免疫力，却给旧大陆带来灾难。但另一方面，源于欧洲的天花，也夺走上千印第安人的性命。

探险成功的消息传遍欧洲

　　哥伦布亲自发动庆祝凯旋的游行。在塞维尔，

为亚速尔群岛之中，位于圣玛利亚岛附近的得克拉岛（Texeira）。哥伦布在1493年2月15日这天到达该岛东南。他本人并未登陆，只派遣几名水手乘救生艇靠岸，结果这些水手全部被抓。他不得不逆风行驶好几天，回到岛上，把水手要回来。23日，他们继续航行。亚速尔群岛离陆地1500千米，位处风暴频繁地区边缘，是从大西洋返航欧陆时的必经之地。

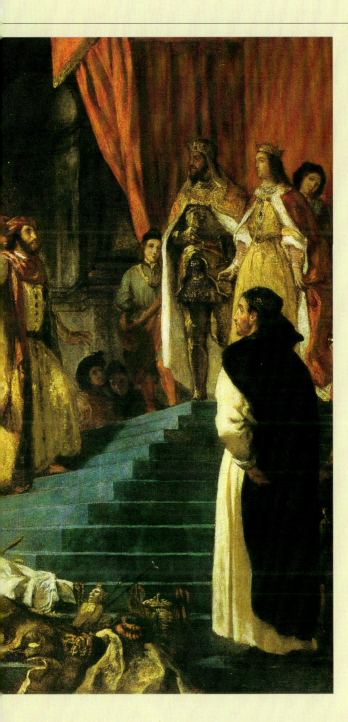

在德拉克洛瓦这幅油画作品中，哥伦布身穿具有东方情调的华服，来到巴塞罗那。编年史家奥维多（Oviedo）目睹了欢迎哥伦布的仪式，他写道："海军元帅带了六名印度人（实为印第安人）来到当时宫廷所在地巴塞罗那。这些印度人，不知是自己愿意，或听了别人的意见，竟都向国王要求接受基督教洗礼。……哥伦布带着这些印度人、一些金饰品、几只鹦鹉以及若干土著随身用的东西，受到国王和王后盛情款待。哥伦布向他们报告他的遭遇和探险的情况。国王和王后为了感谢他，曾数次向他致意，确实当他是一位高贵的、有威望的人。哥伦布生得仪表堂堂，获此殊荣，可说当之无愧。"

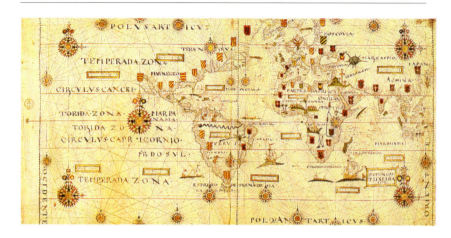

他带着十名印第安人，并让印第安人头插羽毛，脸戴镶金面具，拎了鹦鹉和岛上特产，在街上彰显自己的成绩。接着他由陆路前往巴塞罗那，重演街头秀，不过这一回规模没那么大，他身边仅有六名印第安人。他同时写信给国王，报告远航成果。国王和王后在回信中称他为"我们的海军元帅"。见到哥伦布成果辉煌，他的对手默不作声，但难掩嫉妒之情。意大利人当吉拉（Pierre Martyr d'Anghierra）在给友人的信中，就用不以为意的口吻谈起哥伦布归来的情景。讨厌哥伦布的人甚至对他的成功大表怀疑。可是，哥伦布早在海上风暴平息之后就写了篇短文，叙述他探险的经过。他把短文寄给桑当耶，桑当耶把文章公之于众，该文译成拉丁文后，很快传遍欧洲。

　　国王和王后隆重迎接哥伦布凯旋。他们知道葡萄牙人想把成果据为己有，因此，有必要让世人知道，这片新发现的土地属于西班牙。

　　翌年9月25日，哥伦布第二次远航。这次准备得很仓促，且所耗不赀。哥伦布先去塞维尔拜见代理主教冯斯卡（don Juan de Fonseca），这位代理主教当下表示，愿意支持发现"西印度"的伟大使命。与此

葡萄牙制作的这张世界地图，发表于1573年。图的中间是1494年《托德西拉斯条约》规定的分界线。根据此条约，巴西和北美都归葡萄牙所有。

同时，西班牙国王和王后求助于新教皇亚历山大六世（Alexandre Ⅵ），冀图确定海上势力范围。

　　不久，教皇颁布命令，确定葡萄牙和西班牙瓜分世界的具体方案：在离亚速尔群岛和佛得角100海里处，划一条经线，该线以东地区归葡萄牙，以西地区归西班牙。葡萄牙国王若昂二世不同意这样划分，他认为他早就拥有亚速尔群岛和佛得角，在大西洋上的岛屿是他的船只在海上航行时发现的，所以也是他的。他依据《托德西拉斯条约》，把界线向西推了370海里，以至于七年后，巴西也在他的版图之内。

教皇亚历山大六世主持"西班牙暨葡萄牙两国瓜分世界"会议。

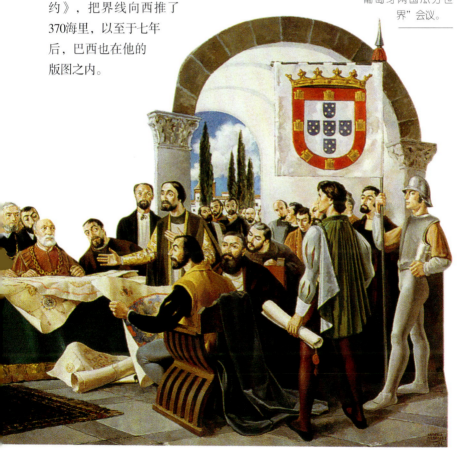

哥伦布无暇享受掌声和赞美，

有更重要的事待他完成——

他要在新发现的岛屿上建立殖民地，

他更要赶紧再上路，找寻梦中的新大陆。

哥伦布的豪气引得众人情绪沸腾，

但也激起反对——向来仇视哥伦布的人，

见一个地位低下的人跃身为海军元帅，

心中颇不是滋味，又妒又羡。

此外，西班牙的社会残渣纷纷渡洋，

想到新大陆一圆淘金梦，

却徒然滋生事端。

第四章
新大陆和殖民地的骚乱

阿拉瓦克人没有太多的宗教文物遗留下来。西方殖民者把印第安人的宗教祭祀物当作无用的偶像，大肆捣毁破坏，能保存至今的文物少之又少。

西班牙船队准备再次远航，足足花了五个月

准备远航时，哥伦布顶撞了两位大人物：一位是代理主教冯斯卡，另一位是国王的私人秘书，也是这次远航的督察——司库索利亚（Juan de Soria）。幸好事情没有闹大。1493年9月25日，由17艘船组成的船队，载了1200人和足量的食物、马匹、家畜，由加的斯启程。葡萄牙国王若昂二世留了两名葡萄牙水手在里斯本，他们原先为哥伦布效力，如今奉了国王之命指挥葡萄牙船队。若昂二世积极推动这项活动，企图抢在哥伦布第二次远航成功之前到达。然而最后葡萄牙船队并未动身，原来葡、西两国和教皇三方谈判之后，葡萄牙决定取消原计划。

这一次，兴致勃勃的胜利者远渡重洋，到达目的地时，便入了地狱

哥伦布的船队充满信心，情绪高昂，横渡大西洋，既无疑虑也无恐惧。这次哥伦布想先到加勒比群岛。他根据翻译出来的资料推断，加勒比群岛离欧洲近些。这

下图是16世纪时所绘的西班牙岛地图。把这张图与100年前哥伦布的地图做个比较，足可看出哥伦布的绘图才能。这个岛是欧洲人唯一殖民成功的地方，凡是要去美洲大陆以外的地方，都必须经过此地。

次航行海上风平浪静，比第一次航行来得顺利，航程
上有信风，从加那利群岛到目的地只花了20天。

　　11月3日，船队到达目的地，但他们并无任何
妙不可言的感觉。哥伦布照例给小安的列斯群岛
诸岛取名，第一个岛叫多米尼加（Dominique），
第二个岛与他的船同名，第三个岛叫瓜德罗普
（Guadeloupe）。这些岛上确实有加勒比人，他们不
允许外人接近，用带尖刺的鱼骨做成的弓箭，射死好
几个西班牙人。泰诺人的女人利用这机会，从加勒比
人那里逃出来。她们告诉这些西班牙人种种恐怖的事
情：加勒比人把战争中俘房的女人当作生孩子的工
具，生下的孩子先阉割，养大后专供他们食
用……后来，水手发现一小队人马
失踪，于是咬

这封信写于1493年
9月5日，是伊莎
贝拉王后给哥伦布的最
后一封信。王后在信上
敦促他早日启程，信中
且已安排好了以后在新
领土上的统治工作。

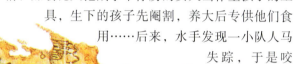
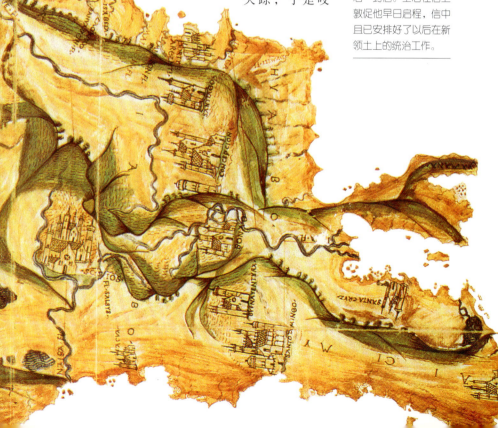

定是被加勒比人杀害了。这些人其实是迷路了。

哥伦布命名为圣·璜·巴梯斯塔（San Juan Baptista）的岛，即现在的波多黎各岛，是加勒比人占有的最后一块领地。11月22日，船队到达西班牙岛东南角，印第安人把这岛叫作海地。哥伦布派一个随船出海的泰诺人，穿上欧式服装，带一些小物品上岸。结果此人一去不返。

圣诞岛上纷争迭起

他们在岛上最先遇到的泰诺人，从未见过欧洲人，但这些土人态度友善。可是，稍远些，在岛的东南岸，哥伦布一行人看到海滩旁有两具尸体，

不久，又发现两具，其中一人蓄大胡子，欧洲人模样。众人大感不安。

27日，他们来到圣诞岛的近海地区，可是未能靠岸。泰诺人乘着小船巡弋，表情相当冷淡。后来，水手与翻译人员乘救生艇上岸，发现上次建筑的木造堡垒已遭焚毁，但不见尸体。有个瓜卡纳加里的亲戚跑来，告诉他们这里出了事。

事情的本末是这样的：移居这里的欧洲人起内

随船医生尚加在给友人的信上，这样谈到瓜德罗普的加勒比人："在一栋房子里，我们发现锅里煮着人头和脖子。他们砍下儿童的四肢来食用。每当他们想大吃一顿时，便宰一个孩童，众人分享。"

讧，他们每人霸占三四名当地女人，这些女人往往是从她们的父母和男人身边劫来的，结果欧洲人之间为抢夺女人而争吵不休。印第安人确实有随意性交的习惯，但是，这并不意味着欧洲人就可以肆无忌惮，他们更不该用暴力霸占女人。

另外，移居至此的欧洲人入境不随俗，不但不与土著以物易物，反而四处寻找西包金矿。可能是移居来的欧洲人伺机敲诈，酋长考纳博（Caonabo）的手下看不过去，便杀了一批外出的欧洲人。后来考纳博又带人来烧堡垒，杀了留在堡垒里的五个人。这五人是碧雅翠丝的表兄及其手下的人。这部分的事情听来可信，但后来的情形就不太清楚了。

不过，这一切是否都是考纳博指使的？在这个事件中，瓜卡纳加里扮演什么角色？被欧洲人劫走的土著女人是他部落的人吗？瓜卡纳加里自称曾向西班牙人求援，大腿上还中了一箭。可是当哥伦布去拜访他，并要船上的医生为他治伤时，他态度迟疑，言辞闪烁。后来他们发现，他所谓的箭伤，实际上只是被石头打了一下，并无外伤。但是，哥伦布还是信了他的说辞，手下建议要以牙还牙，他也不答应。

新大陆的第一座欧洲城市

从此，泰诺人对欧洲人避之唯恐不及。不知何故，瓜卡纳加里的村落被烧了。船队离开圣诞岛，打算寻找更理想的地方，建立一座城市。由于气候恶劣，他们只好在基督岛附近某个港湾停下来，见这儿有小山沟和小河，就决定要在此兴建伊莎贝拉城。

"**当**这些加勒比人自知无法逃脱时，便拿起弓箭，毫无畏惧，男女一样勇敢。之所以说他们勇敢无比，是因为他们仅有四男二女，而我们的人超过二十五个。"

尚加

"土著女人告诉我们，加勒比人残忍无比，讲出来恐怕没有人会相信。他们吃小儿的肉，自己的孩童也好，这些俘虏女人的孩子也好，都抓了宰来吃，只留下本岛女人为他们生的小孩。打仗时抓到男的，就把他带回来交到屠宰场，杀了后吃掉；倘若敌人已死，他们就直接吃他的肉。他们说世上没有比人肉更鲜美的食物。我们在他们住所找到的尽是骨头，所有可吃的东西全已吞食净尽，只剩那些硬得无法下咽的部分。"

尚加

随着城市兴建，移居者和哥伦布之间的关系日趋紧张。主因是两方目的不同。哥伦布命令他们干活，而这些移民并不是为干活而来新大陆的，他们要的是黄金。工作劳累加上伙食粗劣，疾病迅速在移民之间传染开来。

哥伦布接着派遣奥热达（Hojeda）去西包地区探索。"西包"是印第安语，意思

1493年哥伦布致桑当耶的信，在罗马以拉丁文公布于众。连同此信发表的，还有这幅圣诞岛的"城堡"图。其实这只是座草草建起的简陋木造建筑。当哥伦布第二次远航来到这里时，城堡已成灰烬。

就是石头。奥热达回来时情绪高昂，兴奋地叙述探索结果。哥伦布预料那些先返回西班牙的人，可能会对他提出指控，便把一份备忘录交给返航船只的指挥官托雷斯（Antonio de Torres）。在备忘录中，哥伦布针对可能落人口实的把柄，加以辩解，以杜悠悠众口。他辩称，此次远航所能采集到的黄金数量甚少，因此他先送回一批加勒比人——名义上让他们去欧洲受洗，实际上强迫为奴，以补黄金之不足。他在

备忘录中重提惑人的诺言，并且要求国王发给他的手下多些饷银。国王和王后这次倒是爽快，完全接受了他的要求。

　　1494年3月，哥伦布根据奥热达提出的报告，率大队人马向内地出发，突破重重险阻，终于发现了一处优美的山谷，命名为凡加里尔（Vega Real）。他在凡加里尔山谷设立了小堡垒，命名为圣多马（Saint Thomas），以安抚那些逐渐不相信黄金梦的人。在圣经故事里，有个叫多马的人，怀疑耶稣复活的事，哥伦布借此暗示众人莫再多生疑虑。哥伦布继续向前，把开发圣多马的任务，交给副官马加利特（Pedro Margarite）。但这位副手把哥伦布的交代当耳边风，横行暴虐，后来他甚至转而与哥伦布对立。

　　许多移民不断抱怨，说他们缺乏新鲜食物，劳作过于繁重。哥伦布不加理睬，认为局势已大致恢复正常，并在4月24日率领三艘快帆船（其中一艘

布朗萨（Blanchard）这幅油画，画的是美洲大陆上的第一次弥撒。第一次远征的船队，没有修士随行；1493年第二次远航时，船上就有好几位修士了。其中之一是布依。但布依的作为无关乎传福音。他在发现古巴岛之前，经由哥伦布提名成为委员会的委员。后来布依与哥伦布作对，不等哥伦布返回岛上，就擅自回西班牙。今日可得的历史文献上，不见任何文字记载当时所做弥撒的内容。

Oceanica Classis

为尼尼亚号），动身开辟新的领土。他离开伊莎贝
拉城时，把权力移交给委员会，委员会里有他的弟
弟迭戈——哥伦布把他从热那亚召来，还有修士布依
（Buil），这位修士其实对哥伦布没什么好感。

不知是精神迷乱，抑或另有打算，哥伦布决定不去中国

哥伦布接下来的目标是古巴
岛的南岸。海上风浪险恶，航行
并不顺利。此行他们发现了牙买
加岛。6月13日，他们离古巴西
端不过50海里。这时，哥伦布做
了个非常离奇的推测：他硬说古
巴乃是亚洲大陆的一个半岛，而
且要全部船员发誓，说他们也同
意这种看法。

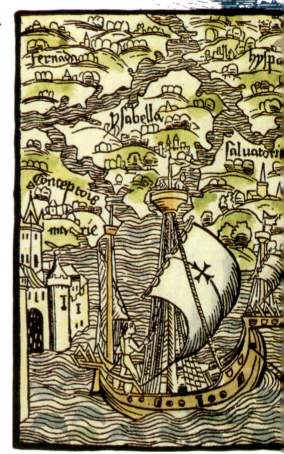

哥伦布此举着实费解，后
人费尽心思，想要提出合理的解
释，但真相仍然扑朔迷离。后
来的事情倒是清楚：哥伦布和他
手下的人精疲力竭，不久纷纷病
倒。另外，他们从已到达的海角
远眺，看到海岸向西南方弯去，
一直伸向远方。哥伦布一口咬定
已经到了中国边境。古巴有块地
方叫满果（Mango），听到这地
名，读过《马可·波罗行纪》的
人会联想起中国的一个地区，蛮
子（Mangi）——哥伦布显然也是
这样推测的。不过哥伦布对这个拥有庞大军队、无数

船只的大汗帝国，兴趣缺缺。

　　既已确定到了中国的边缘，印度的位置也有把握了，他决定返回原路，去那尚无人知晓的大陆。许多地图都认定这陆块在亚洲南面。

　　他们返航了。途中绕道海地南岸航行。这时，哥伦布染上一种"昏睡病"。三艘快帆船快速驶向伊莎贝拉岛，到达时是9月29日。弟弟巴代勒米也已抵

"**奉**海军元帅大人之命，以国王和王后之名，前往三艘快帆船上，谕令船长及水手证实这块土地就是印度大陆的边缘……"

达。他在法国就听到了哥哥发现新岛屿的消息。巴代勒米在法国受到热忱的接待，但是法国人并不把他当成探险者。在哥哥第二次动身远航之后，他才得以返回西班牙，搭乘补给船，驶向殖民地。另一方面，原来留守在伊莎贝拉岛城的布依修士和副官马加利特，趁机搭补给船回西班牙。后来，他们在国王面前诋毁哥伦布，成为哥伦布的宿敌。

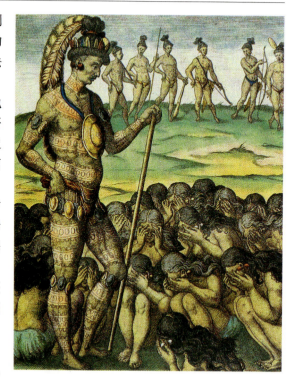

殖民地情势每况愈下，西班牙人的诈骗行径屡屡激怒印第安人，而西班牙人劫持妇女、抢夺黄金，则成为印第安人反抗的导火线。印第安人杀死了单独外出的西班牙人，酋长瓜梯瓜纳（Guatiguana）让手下处死十名烧毁他们茅屋的西班牙人。

这回事态严重，哥伦布本人也卷入其中。他封巴代勒米为少将，命他全力镇压。哥伦布僭越职权，擅自封官，西班牙国王知道了以后极为不满，但最终还是默许了。

"加勒比人袭击其他岛屿，把岛上年轻漂亮的女人抢回去，供他们玩弄，做他们的妻妾。被他们抢走的妇女不计其数。在五十栋加勒比人留下的房子里，我们发现二十来个年轻女俘。"

尚加

视印第安人为奴隶，任意残杀激起反抗

殖民地发生的血腥残杀一发不可收拾。本来担负

和平使命的巴代勒米，已然是不折不扣的征服者。1495年3月，他从伊莎贝拉岛派出两支小部队，一支拥有200名配备了弓箭和火枪的步兵、20名骑兵，还有受过专门训练的猎犬。上百名印第安人被俘虏，当成奴隶运走。其余的印第安人，聚集在首领瓜梯瓜纳麾下，但他们在凡加里尔的战斗中惨败，考纳博酋长被奥热达俘获，不久便死去。

　　战斗持续到1496年初。印第安人躲进山里，袭杀殖民者。移居殖民地的欧洲人，则强迫印第安战俘替他们采集黄金。

　　由于饥馑贫困、欧洲人带来的传染病、绝望沮丧，加上血腥镇压，印第安人大批大批地死亡。短短两年，岛上土著的人数竟锐减了三分之二。

　　与此同时，哥伦布的对手无所不用其极，致使国王和王后忧心忡忡，对岛上情势很不放心。王室拒绝接受那些被当作奴隶运来西班牙的印第安人，还派出官员前去调查。阿加多（Juan Aguado）在1495年10月到达伊莎贝拉岛，那时哥伦布正在岛上征战。

情势扰攘，哥伦布决定返回西班牙为自己申辩

　　返航途中海上骤起风暴，六艘船里有四艘被抛到礁石上，当场撞得

发现新大陆后一个世纪，欧洲人仍分不清不同的中美人种。在他们眼里，阿拉瓦克人的酋长和年轻的西包人没什么两样。图里是个印加王子，他手持权杖。此杖形如太阳光辉。

"**我**们来到的这几座岛屿都极为富庶。这些岛的地势稍高，到处可见高山，雄伟壮丽，千姿百态。山上覆有各式各样的树木，高耸入云。我想这些树林应当是终年翠绿的。岛上风景如画，绚丽多彩，景色犹如西班牙的初夏。黄莺鸣啭，百鸟飞翔，竟不知现已是11月。"

致桑当耶的信

粉碎。他不得不就地另外打造两艘小船。

　　此时，哥伦布又犯了一个错误，他把全部权力移交给巴代勒米。结果，西班牙人把旧恨新仇全算在哥伦布一家人头上——在西班牙人眼中，他们可是"外国人"（别忘了哥伦布出生于热那亚）。治安法官罗尔丹（Francisco Roldan）首先发难，从此与哥伦布兄弟结下不解之仇。

　　1496年3月10日，船队启程返航。哥伦布搭乘尼尼亚号，奉命调查哥伦布的阿加多，则乘另一艘快帆船。哥伦布利用这机会继续寻找黄金。在瓜德罗普岛上，他们遇上一队手持武器的加勒比女人，要求西班牙人前去和她们的男人谈判。西班牙人依约前往，不料竟中了埋伏，加勒比人射出的箭密如雨下，西班牙人落荒而逃。

　　6月11日，他们到达加的斯，个个面黄肌瘦，疲惫至极。尽管他们仍带回鹦鹉和印第安人等战利品，却见不到首航归返时那种热烈欢迎的场面了。然而，哥伦布并没有失去国王和王后的信任，只是国王心悬鲁西永（Roussillon）地区的战争，王后则忙于关照

加的斯是海港，哥伦布第二次和第四次远航便是由此地出发的。这个呈半岛形的港口腹地太小，发展有限，于是塞维尔取而代之，成为前往西印度群岛的重要都市。到17世纪末，加的斯因缘际会，才得以复苏。

CADIZ, olim Gades, eiusdem no-
minis Insulæ oppidum nobile, por-
tu maris Herculeo freto, temploque
memoratum.

百余艘船只的建造进度。这些船将组成船队，作为王室娶儿媳和嫁女儿的护航队，护送

凡是稍称得上优秀的水手，无不对哥伦布的航海本领赞不绝口。有人把哥伦布的成就归结为他运气好。可是，哥伦布战胜海上风暴的本领和他驾驭船只的能力，绝非"运气好"三字就能解释。否则，何以被视为帆船航行禁区的海域，哥伦布竟可航来无惧？哥伦布的功力惊人之处，在另一桩事上又可得见一斑：他乘的是不足200吨的小型快帆船，在炎热的海洋中，船螺不断啃蚀船体，这样的船在哥伦布指挥之下，竟也立了功。

让娜公主去弗兰德斯（Flandres，今日比利时北部沿海地区）与"美男子"菲利普（Philippe le Beau）成亲，再把菲利普的妹妹玛格丽特接回来，与王位继承者若昂王子结婚。这当口，哥伦布根据大西洋风向的变化情况，预先计算出护航船队返回的日期。结果预估完全正确，国王和王后大悦，更加信任哥伦布，同时立即允诺哥伦布的继承者能享有他所有的特权和头衔。

外号"美男子"的菲利普，在伊莎贝拉王后去世后，成为卡斯蒂利亚王（国王次子若昂结婚才半年就去世）。王朝中猝生巨变，情势随之动荡。西班牙-日耳曼帝国很快就兴起。菲利普在位两年，成了自己岳父的对手，斐迪南则复辟为阿拉贡王。

内忧外患交相迫，寻找新大陆势在必行

哥伦布等了将近两年，才打造好六艘快帆船，以便展开第三次长途航行。西班牙的国库已经亏空，哥伦布所欠的债务虽一笔勾销，但他无力支付船上的货款。他卖奴隶所得的款项也如杯水车薪，无济于事。财务困难令他头痛，精神打击也为他增添麻烦：代理主教冯斯卡、奸商、仇人、持怀疑论调的人等认为，哥伦布仅仅找到了几个传说中的岛屿而已，亚洲根本不在那些岛屿附近。他们的说法不无道理，但哥伦布意志坚定，非找到新大陆不可。

1498年5月30日，第三次远行启程。哥伦布前两次航行在大西洋上所开辟的航线，只有西班牙船只尝试过。而在前一年，为英国效力的热那亚人让·卡波（Jean Cabot），行抵北方的拉布拉多半岛（Le Labrador）和纽芬兰。此外，巴斯克、布列塔尼、诺曼底等地区的渔民，长年出海捕鲸，也多少听说过这些地方。哥伦布这次改变了航线。他躲过法国的海盗船后，便驶向加那利群岛，并派遣几艘船直接开往西班牙岛。他自己则率领其他三艘船继续向南，直达位于佛得角群岛最西端的大里贝拉岛（Ribeira）。

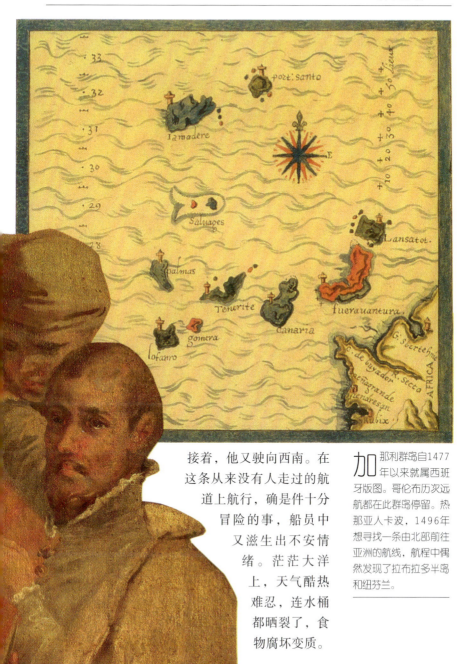

接着，他又驶向西南。在这条从来没有人走过的航道上航行，确是件十分冒险的事，船员中又滋生出不安情绪。茫茫大洋上，天气酷热难忍，连水桶都晒裂了，食物腐坏变质。

加那利群岛自1477年以来就属西班牙版图。哥伦布历次远航都在此群岛停留。热那亚人卡波，1496年想寻找一条由北部前往亚洲的航线，航程中偶然发现了拉布拉多半岛和纽芬兰。

好不容易才吹起东风。在这种难熬的气氛中，他们航行了17天，而目的地何在，甚至没有人知道。哥伦布自己也快撑不住了，他准备调转船头向西北方往加勒比群岛去。这时，一名水手从桅杆顶上看到了三个山峰。前方可不是个大岛吗？众人高呼："万福玛利亚！"哥伦布把这岛命名为特立尼达（Trinité）。

终于见到陆地，此处俨然人间天堂

虽然发现了大岛，他们和岛上的土著却没办法沟通。水手做出友好的表示，土著却丝毫不明白，不但不让他们靠近，反而以弓箭相报。哥伦布沿海岸南行，想趁涨潮进入巴里耶海湾（golfe de Paria）。才入海湾就遇上巨浪，两股海流在湾里碰撞，激起的海浪高逾帆船，浪头落下发出可怕的咆哮声。海浪把船从底部托起，向上抛去，随后落下，几乎沉到海底。显然他们必须另找一条航道。

哥伦布发现这海湾里的水是淡水，更远些的海洋里也是淡水，他颇感讶异。这现象的成因，是由于

"人间天堂就在此地。"哥伦布在红衣主教阿里所著的《世界印象》中，论述东方赤道之端那一章的空白处，写了上面这句眉批。许久以来，画地图的人都把赤道地区当作人间天堂。哥伦布认为他已经踏进了人间天堂的门槛——特立尼达岛后的那块陆地。他写道："我确信，那里就是人间天堂，若非神的旨意如此，任谁也不可能到达那里。在国王和王后命令下开发的这块陆地，异常辽阔。我猜，在南部应当有许多类似的地方。"

格兰德河（Grande）在此入海，奥里诺科河（Orénoque）三角洲的好几条河流，也在此汇聚。不过，当时哥伦布不懂这些，他认为这三角洲是一个岛。他花了很长时间在海湾里寻找出口，最后，终于从北口（哥伦布取名为龙口）驶出海湾，所遇的艰险不亚于进入海湾时的。

哥伦布离开海湾后，急于前往西班牙岛。船上所带的食物已变质，他深感焦虑不安。在向北行驶途中，萦绕在他脑中的，仍是龙口湾的奇异现象：既然海里的水是淡水，可见有大河在此入海，而大河必定源于高山，从内陆流来——说不定就发源于"梨状"的世界之巅。这世界之巅联结人间与天堂，按理常人不得入内，但是，像他这样负有"天命"的人，也许可以破例进去。他对自己的假设深信不疑。他另外还推断："这河流要是从天堂流出来，就一定是出自一片无际的陆地，而且这片陆地位于南部，世上必然仍没有

欧洲人心目中的印第安人，在哥伦布之后的许多年，仍停留在哥伦布时期的形象上。正如在这幅17世纪的木刻画上所看到的，一对赤身裸体的印第安男女，站在金果子树旁，令人不由得联想起亚当和夏娃。

人知道这地方。"哥伦布在航海日志里这样写道："国王和王后陛下将会拥有这些土地，这是'另一个世界'……"

哥伦布自以为终于发现了一块一向无人知晓的大陆。他认为，有了这样一块大陆，地球上的陆地分布状况便得以平衡：这个新陆块在亚洲以南，而非洲在欧洲大陆以南，恰恰都是一南一北，对称分布。

研究哥伦布的史学家对于哥伦布本人所写的东西，不太愿意采信，这说来令人惊讶，但不难理解。哥伦布总是融合自己的探险结果和古代权威的地理观念，做出各种充满想象的推论。

往后几年，哥伦布的探险未能再有突破，但倒是有些出人意料的事发生。他给国王和王后的信，托代理主教冯斯卡转交，冯斯卡担心哥伦布威望过高，对哥伦布百般嫉妒，多方掣肘。他给了几个初出茅庐的水手一点"好处"，要他们去探察哥伦布所发现的大陆。他先派遣奥热达、画地图的德·拉·科沙以及亚美利哥·维布西（Amerigo Vespucci）前去。这个亚美利哥·维布西，连领航的资格都没有，可是，他把自己所见到的事公开发表，而哥伦布告诉国王、王后新大陆一事的信，始终没有公布。结果亚

领航员暨地图制作家德·拉·科沙，曾随哥伦布、平松、奥热达远航。亚美利哥·维布西不是水手，但也随平松和奥热达航行过。最先领悟到他们所到达的土地是一块尚不为人知的大陆的人，可是亚美利哥？他在1502年把这发现记录下来，而哥伦布早他四年就已在信中提到这发现。可是，维布西公开提出"新大陆"这名称，哥伦布的信却未为人知。这么一来，新大陆就以维布西的名字而得名亚美利加（America）。

AMERICVS VE

美利哥的名字，就被后人用
来称呼这块新大陆。另外，
平松兄弟里的弟弟亚内·平
松（Yanez Pinzón），后来也
登上了巴西海岸北部。

殖民战争爆发，
哥伦布有志难伸

　　哥伦布患了严重的眼疾，甚至不能离船
上岸。他大概一心挂念西班牙岛的情势，于是
趁着海上风平浪静，兼程赶到了那里。此时是
1498年8月31日，岛上殖民战争正如火如荼。他
离开西班牙岛以后，岛上发生了许多事。先是
巴代勒米发现，在伊莎贝拉山谷建立城市并不
是个好主意。他带领殖民者离开了山谷，来到
岛的南部，在
这儿建立圣多
明各城（Saint-
Domingue）。

他与邻近的印
第安人首领贝奇欧
（Behechio）往来频繁，
且与其妹阿娜高娜交往密切。
这个印第安女人是考纳博的寡妇，
生得貌美活泼，巴代勒米与她有过一段
罗曼史。尽管巴代勒米和土著领袖交情不
错，他仍要印第安人纳贡。治安法官罗尔
丹煽动近半数的移民者起来造反，西班牙
人之间发生内战。罗尔丹获得酋长瓜利奥

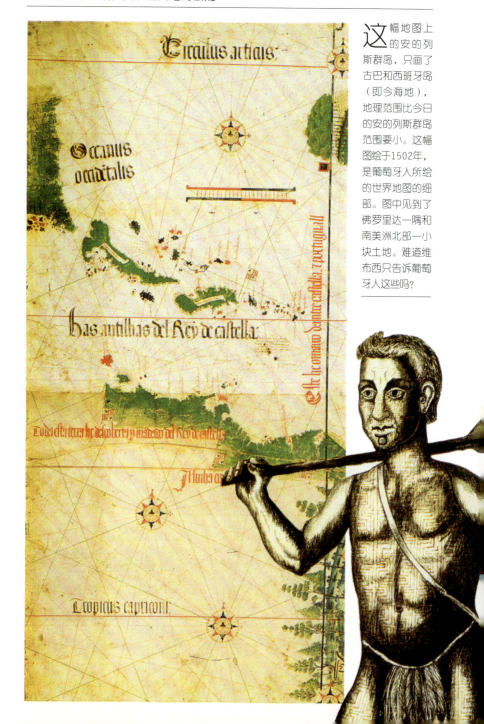

这幅地图上的安的列斯群岛，只画了古巴和西班牙岛（即今海地），地理范围比今日的安的列斯群岛范围要小。这幅图绘于1502年，是葡萄牙人所绘的世界地图的细部。图中见到了佛罗里达一隅和南美洲北部一小块土地。难道维布西只告诉葡萄牙人这些吗？

内克支持，但这个印第安人后来被巴代勒米俘获。战争终结，罗尔丹定居位于岛西部的贝奇欧领地，并俘获三艘快帆船。这三艘船原来在加那利群岛，离开哥伦布后直奔西班牙岛而来，结果很久才找到航道。船上载有一批获释的苦囚，这些人很快就加入罗尔丹的阵营。

哥伦布自知势力不及罗尔丹，因此他不打算硬碰硬，而采用另一种策略。他告诉罗尔丹，不妨带着奴隶和妻妾返回西班牙。罗尔丹一方面在自己"独立的美洲领地"里十分自在，并不急着回去；一方面倒也明白哥伦布的用意，便不断抬高自己身价。双方僵持了一年。这期间，时有罗尔丹手下逃跑，还传出哥伦布准备投降的消息。哥伦布是要花招的能手，他在给国王和王后的信中甚至披露了投降的期限。

1499年9月5日，奥热达来到西班牙岛。他早先人在巴利亚湾，这海湾正对特立尼达岛，哥伦布绕行过此处。到了西班牙岛后，他就和罗尔丹联系上了。罗尔丹并不把奥热达放在眼里，他接受哥伦布的建议，

奥热达奉代理主教冯斯卡之命，循哥伦布开辟的航线，前去一探究竟，而于1499年到达南美大陆。他不经意间发现了一个盛产珍珠的地方，用一些不值钱的物品"换取"了许多珍珠。回西班牙时，他与反对哥伦布的一伙人联手，后来因害怕担负叛乱罪名而离开，走时船上满是肆意抓来的奴隶。由于西班牙人滥抓土人，巴哈马群岛竟变成荒芜之地。哥伦布在晚年一再谴责这种强盗行径。

准备把奥热达交给哥伦布处理。奥热达并非不识时务之辈，他当机立断，捉了几个泰诺人当奴隶，收拾起搜刮来的珍珠，扬帆启程返国，高价出售战利品。

手铐脚镣上身，元帅成阶下囚

西班牙岛局势很不稳定。罗尔丹手下一个叫墨西卡（Adrian de Moxica）的中尉，背叛罗尔丹。哥伦布联合罗尔丹一起敉平叛乱，逮捕墨西卡及其党羽，墨西卡被人从墙顶上抛下来摔死。

国王和王后跟前，时有人进谗言，诬陷哥伦布犯下种种罪行。本来国王和王后还支持哥伦布，日子一久信心也不免动摇，就派侍从官博瓦迪利亚（Bobadilla）为督导官，到西班牙岛来调查及平乱。博瓦迪利亚一抵达，就目睹处死墨西卡的场面。那一天是1500年8月23日，哥伦布人不在岛上，倒见到他弟弟迭戈。博瓦迪利亚住在海军元帅寓所，没收了哥伦布的文件物品，释放西班牙囚犯，任手下搜刮黄金。不久哥伦布回到岛上，博瓦迪利亚派人把他抓起来，戴上脚镣手铐。巴代勒米奉哥哥之命不加抵抗，束手就擒。平白蒙此冤屈，海军元帅心中的恼恨可想而知。后来他给王子的奶娘写了封信，措词激烈，痛斥博瓦迪利亚等人的行为。

博 瓦迪利亚把哥伦布押回西班牙，但哥伦布显然不会任人宰割。哥伦布在给王子奶娘的信中写道："我要控告这世界，我的指控会是您听都没听过的。他们虐待我的手段层出不穷。我竭力抗争，然而武器、表白都无济于事。这些人极其狠毒，非置我于死地不可。我相信造物主一定会眷顾我，过去我遇难时，他总是及时来援救。"

1500年10月，哥伦布兄弟三人由海地回国，

身系脚镣手铐，宛如行将入罪的囚犯。

大家看到海军元帅狼狈若此，

深感不平，四处议论纷纷。

国王和王后百思不解，

何以新岛屿上竟会有暴行发生。

待见博瓦迪利亚对待哥伦布粗鲁又无礼，

更是大吃一惊，立即下令释放哥伦布兄弟三人。

第五章

失宠，挫败，死亡

哥伦布在给儿子迭戈的信上这样写道："我和亚美利哥·维布西谈过话……他总想讨我欢心，他是个好人。可是，命运对他并不公平……"这封1505年2月5日的信，是保存至今，唯一谈到亚美利哥其人的文献资料。

国王和王后日理万机，"西印度"非当务之急

11月底哥伦布回到西班牙时，国王和王后正为那不勒斯王国问题，与法国谈判，无暇立刻召见他们兄弟三人。国王及王后送给三兄弟2000杜卡托（ducat，威尼斯古钱币）先表示安抚，拖到12月17日才召见他们。当时场面颇为感人，哥伦布跪倒在王后面前，泣不成声。国王和王后一副既往不咎的姿态。相形之下，巴代勒米便显得高傲而粗鲁。国王和王后保证，会把没收的财产归还他们，但并无意恢复哥伦布的殖民地总督身份。看来，哥伦布已逐渐失宠。国王和王后虽没有翻脸不认人，却不想恢复他原来的地位，也

收复格勒纳德这件事，在哥伦布眼中具有象征意义：这是基督教统一世界的重要阶段。他认为在世界末日来临之前，基督教一定会统一全世界。他还认为，前往东方和有待发现的土地传播基督教，已是刻不容缓，收复耶路撒冷亦荒怠不得。这种想法，是他第一次远航美洲回来后才有的。

不愿意把探险的成果归他一人。可是，哥伦布岂容许别人如此待他？

哥伦布编撰预言书，思索自己和世界的命运

碍于王室禁止他出海航行，哥伦布就利用这段时间编撰了一本《预言故事集》。若撇开现代人的偏见来读这本书，可从书中体会到哥伦布对自己命运所做的深刻反省和对世界的思考，这本书披露了哥伦布内心深处的想法。他在给国王和王后的信中（这信也是该书的前言）写道："我向您报告过，远航印度探险时，帮助我的既不是理性，也不是数学和世界地图。我的探险得以成功的关键因素，是《圣经》里先知以赛

1492年12月6日，他写道，未来他找到的黄金，一定足够"在三年里准备妥当，上路东征，收复耶路撒冷"。

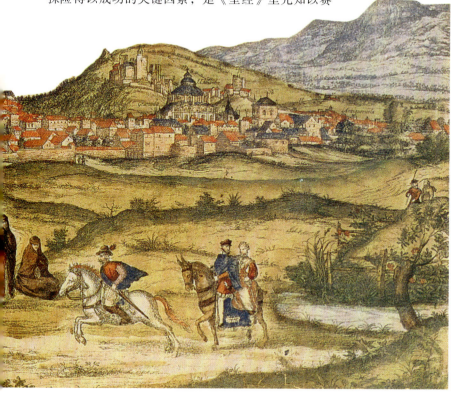

亚（Isaîe，公元前8世纪犹太预言家）的预言。"若只从字面来理解这段自白，很可能无法懂得哥伦布的意思。其实他是说，在承受考验的时刻，他从内心深深感受到：他所担负的是天命，在上帝的意旨中，新大陆一定会出现，而他是上帝拣选来执行这项任务的人。这信念是引导他前进的动力，而在《圣经》以赛亚的预言里，他终于明白这动力的最终目的。

内·平松是发现巴西的探险家。1499年，他沿巴西北海岸行驶了一周。平松是和维布西一起完成巴西之行的。哥伦布虽自认权利因此受损，他对待平松似乎还算和善。他写道："亚内率领四艘快帆船到达那里。我是和他有过纷争和猜疑，但无任何遗憾。"

对于哥伦布那个时代的人来说，《圣经》具有至高无上的权威。哥伦布详读《圣经》，也细研利尔（Nicolas de Lyre，犹太改宗者，死于1340年）为《圣经》所做的注释。哥伦布的思想充满了宗教精神。他从大卫（David）的诗篇，从以赛亚的预言，从以色列人向以色列的上帝所做的承诺中，感受到基督教统一世界的理想。他看到关于世界末日的叙述，他估计，末日大约在他身后150年来临。从现在起到末日来临之前，世界会统一，届时他的伟大发现会记载在历史的最后一页上。他深信自己一定会名垂千古——《圣经》上提到一些地理位置并不明确的岛屿，那不就是天命要他去发现的吗？

他既已被禁止远航去印度，于是就赋予自己新使命——收复耶路撒冷。他的朋友高利西奥（Gaspar de Goricio）神父，听了他的想法后，惊讶归惊讶，但还是同意与他合作。

此外，他还相信，他所经历的考验，十分类似上帝对自己选民的考验。有件事却也矛盾：他一再要求君主恢复他的身份和特权。他对王后说，就算把他和印度隔离开来，也无法改善那儿的局面。假如他真的相信他所承受的考验来自上帝，又何必如此？

国王和王后全心关注意大利的形势，在他们看来，新大陆并不是迫在眉睫的问题。

赌徒孤注一掷

国王和王后最终还是批准了哥伦布的第四次远行，但是他只能做

哥伦布花了二十多年时间在探险事业上，结论是：从欧洲西部驶向亚洲的道路是走不通的。欧洲各国在这时期都热衷海上事业。里斯本在海路竞争中获胜，达·伽马于1498年到达加尔各答（Calicut）。达·伽马成了葡萄牙的海军元帅，1502年起，在非洲东岸建立起商行。

两件事：探险和寻找新岛屿。葡萄牙人达·伽马前不久航行绕过非洲到达印度，显然对西班牙来说是一大刺激，

哥伦布此番获准出航，与这事不无关系。另一方面，平松、奥热达及其他人，在"他"的土地上从事探险活动得到"好处"，哥伦布认为权利被侵犯。国王和王后9月里派奥万多率领一支船队远航印度，奥万多是远航队伍的总督兼最高法官。哥伦布尽管不高兴，还是脚步不停，处理各种事宜。他在一家圣乔治银行投保，把自己"特权证书"的抄本委托该银行保管，又把一些信件留给长子迭戈，并托他照顾碧雅翠丝。

这次远航他有四艘快帆船，弟弟巴代勒米与小儿子费南多同行。由于哥伦布眼睛的毛病一直没好，他儿子就替他写航海日志，可惜这些材料后来都佚失了。

4月6日，他从圣卢卡尔（Sanlucar）动身前往加的斯；5月11日从加的斯出发，沿非洲海岸绕道往阿齐拉港（Arzila）。此时西、葡两国已结为盟邦。哥伦布前往阿齐拉港，是为了解救被困的葡萄牙人——哥伦布亡妻的父母及亲戚也在内。他到时围困已解除。

1502年5月20日，他到达大加那利岛，随即启程，走的是1498年的路线。6月15日到达马提尼克（Martinique）。6月29日抵圣多明各，但囿于王室禁令他不得上岸。

上帝操纵命运，科学属于魔鬼

然而，哥伦布提出三项理由，要求在圣多明各停留：他要往西班牙发信件；他要换掉一艘状况不良的快帆船；另外，海上气候恶劣，他预料会有大风暴，所以船队要入港避风。

不料，奥万多拒绝哥伦布进港，认为哥伦布在耍花招。然而，海上确实起了大风暴。哥伦布怎么能不相信上帝在摆弄自己？奥万多让船队中28艘船先动身返回西班牙，结果，19艘沉没，其余的大多被风暴抛上岩岸，撞得粉碎，仅三四艘幸免于难。死了恐怕有

哥伦布把"特权证书"的原件，寄给朋友高利西奥神父，他本人保留抄本，后来把抄本交给儿子。此外，他还给圣乔治银行寄了一份抄本。这家银行在当时是安全可靠的地方，差不多像今日的瑞士银行。他在给国王和王后的信中，全然不提自己的人事关系。

上列文字意为"大西洋海军大元帅，国王暨王后在亚洲大陆及印度诸岛上的总督"。

500人，包括博瓦迪利亚、瓜利奥内克酋长
（西班牙人的俘虏），还有常当译员的托
雷斯。价值20万的卡斯蒂利亚金币葬送
海底。

在唯一平安返回西班牙的那艘船
上，哥伦布的心腹卡发亚（Carvajal）
安然无恙。卡发亚完成哥伦布交代的
事，收妥哥伦布在殖民地的财宝，带着
40万比索回国，把钱交给哥伦布的长子迭
戈。圣多明各的木房全部倒塌，哥伦布成了敌
人心目中的魔鬼。

海军元帅本人又逃过一劫，这再次证明他是非
凡的水手。他乘的小型快帆船，先抵达牙买加南部的
小岛避风，之后又去了古巴。

寻找想象中的海峡

离开古巴后，哥伦布向西行驶，在风暴中行驶
了80天，于9月12日登上南美陆地。他把登陆地命名
为格拉西亚·阿迪奥斯角（Gracia a Dios），这地方
位于今日洪都拉斯和尼加拉瓜交界处。手下全都精疲

欧洲人以为有一道
海峡把美洲分
开来。在德国人萧纳
（Schöner）1515年所
制的地球仪上，这想
象中的海峡位于南纬
四十二度，比四年后麦
哲伦穿过的海峡纬度低
了十度。

Horrend

x inaudita tempeſtas.

力竭，疾病缠身，以为难逃死神魔掌了。倒是年仅13岁的费南多，仍然精神奕奕。

哥伦布以为自己到了《马可·波罗行纪》中所说的柬埔寨，不过他继续逆风向南行驶，而不向北朝中国的方向去。

哥伦布在阿迪奥斯角遇到的印第安人，比泰诺人和加勒比人开化一些。这些人佩戴加工的珠宝，手持带铜尖头的长矛，妇女戴冠

"**狂**风刮了八十八天，刮得天昏地暗，船只粉碎，帆被撕裂，锚、绳索、救生船、食物等全掉到海底。水手一个一个相继病倒，痛苦万分，无以名状。……以前也经历过风暴，但为期如此之久、如此可怕的，这回是生平第一遭。"

1503年7月7日

冕。他们的小茅屋里有家具。印第安人说，有些地方的男人身穿盔甲，服饰讲究……这些地方指的可是墨西哥？谁也不知道。

倘若当初哥伦布顺风行驶，他或许会到达中国，但他一心要走马可·波罗回欧洲时走的路线，以便到印度去。听印第安人谈到一条叫"刚克"（Gangues）的大河，哥伦布暗忖：这么说离恒河（Gange）已不远了（哥伦布把Gangues误认为Gange）。这段航程极为艰险，大风刮走了帆，雷电交加，暴雨骤降。当他们到达陆地时，土人大批袭来，水手死伤惨重，哥伦布虽然久经考验，也渐感绝望。有一夜，哥伦布梦见上帝对他说话，要他回想上天为他安排的一切。他决定坚持下去。九天后，天气转晴。

天灾仍未全部解除。船螺这可怕的软体动物黏附在船身，把木船蛀得千疮百孔。他们动身时，不得不抛弃一艘已被蛀烂的船。1503年5月13日，再抵古巴。在海上只遇到两天好天气，其余时候尽是海浪滔天，船帆、锚丢得一干二净。6月底，他们到达牙买加，船已灌满水，无法继续远行。

受尽冷落，晚景凄凉

哥伦布和手下在牙买加滞留一年。西班牙岛近

在咫尺，但怎么去呢？追随哥伦布始终不渝的孟戴兹（Diego Mendez），此时更见忠心耿耿。他冒险乘两艘小船，带二十来名西班牙人和印第安人前往海地。孟戴兹身上带了哥伦布的信，吃尽苦头，终于到达海地。然而，奥万多诸事缠身，无法兼顾哥伦布。

　　在牙买加岛上，西班牙人和印第安人本来处得还算不错，可是，西班牙人还是把事情搞砸了。

"**海**军元帅说，他前一天去黄金地时，看到三条美人鱼跃出海面。但她们不像传说中那样美，她们的脸长得一点也不像人。"现在我们知道美人鱼是一种名叫儒艮的海洋哺乳动物。

波拉兹（Porraz）兄弟滋生事端，意欲排挤哥伦布。哥伦布当时人在病中，又受到敌手恶意的欺凌，简直不知如何应付。此时，命运和天赋又拯救了他。他从随身带的年历中预知，不久将会出现月食。哥伦布就对印第安人说，他要祈求天助，把印第安人消灭殆尽。不久，月食真的出现了，印第安人惊恐万状，吓得五体投地，哥伦布就这样消弭了一场可能发生的乱子。

哥伦布靠自己的力量，把反叛者全打垮，并俘虏了波拉兹。但这些人不仅未受惩罚，反而获准返回西班牙。后来，其中一些人还相互勾结，诬告哥伦布。

在西班牙岛上的奥万多，派出一艘快帆船到牙买加岛打听消息。不久帆船带回一封哥伦布给奥万多的信，字里行间尽是难言的苦楚。等待奥万多消息的日子漫长而难耐。1504年6月28日，哥伦布和他的船员终于获准离岛。

在圣多明各，西班牙权贵向哥伦布大行报复。昔日威风凛凛的海军元帅，今日饱受凌辱，

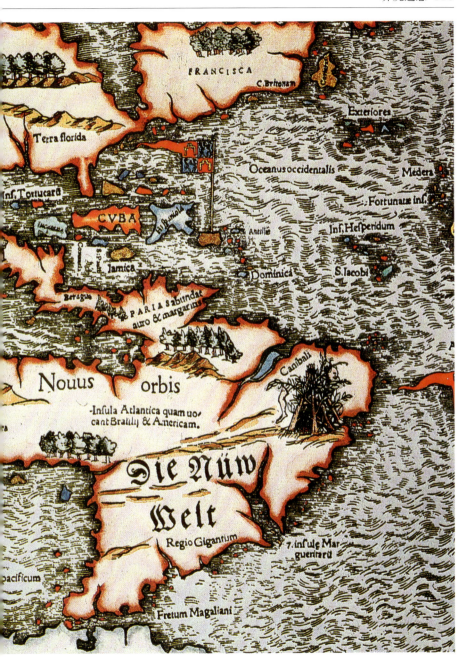

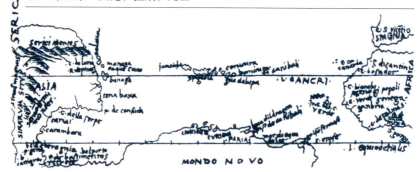

奥万多则装腔作势迎接他。哥伦布兄弟重新扬帆，在1504年11月7日到达圣卢卡尔。这次远航总计历时两年七个月。

航向寂静与死亡

　　王后病重，于26日去世，遗嘱中无只字片语提到哥伦布。哥伦布也病得厉害，眼疾发作，他无法阅读写字。他的伟大发现再无人过问。再说，他究竟发现了什么？一片荒凉的土地罢了！关于黄金的诺言，也仍是个梦想。此外，他也没有找到前往亚洲的航道。哥伦布要求把财产和权力归还他，还在遗嘱中交代，这些都要传给儿子。但国王早就不理会哥伦布，对巴代勒米更加疏远；迭戈倒是继承了若干头衔。王后死后一年半，哥伦布也去世了，享年55岁。他虽非死于贫困，却饱尝苦涩凄切。昔日他身边不乏赤胆忠心之士，然而，随他一起找到新世界的人，却忘恩负义。他的信念使他永垂不朽，可是他的傲慢成为他的致命伤。他生前就预料，在他死后灾难将会降临，但他怎么也料不到，当他的梦幻变成现实时，会是如此血腥冷酷。

　　哥伦布是一个意志力和行动力超强的冒险家。他确实有过人之处，不过这些不凡并不能抹去他性格上

的污浊，只是会使这些缺陷显得不那么严重。他创造了历史，但是并不能主宰历史。对于哥伦布，世人不会有一致的看法，但是哥伦布奇特诡异的命运，必定会永远留在人类的记忆中。

"玉王和王后——我的主，按上帝的意旨，我可是用一种把自己心爱的东西送出去那样的心情，把印度给了他们。"

见证与文献

同时代的人看哥伦布

哥伦布生前从未让人绘制画像。
今天所看到的哥伦布肖像，
或多或少带有想象的成分。
若要判断这些肖像
与他本人到底有几分相似，
最好把同时代的人
对他的描述拿来比一比。
描写他外表容貌的文字不多，
侧重性格层面的叙述倒不少。
从行为特征和生活细节上，
也许能窥见其人面目一二。

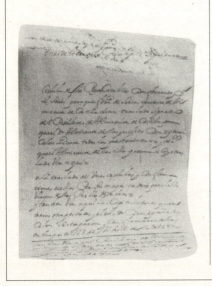

儿子心目中的哥伦布

父亲体态匀称，身材略高，脸庞长，颧骨稍有一点凸起，不胖也不瘦。鹰钩鼻，蓝眼睛，肤色白里透红。他年轻时头发是金黄色，可是才到30岁就全白了。他在饮食方面毫不挑剔，为人十分谦和。与陌生人交谈时总是和蔼可亲；与家人说话时，虽然表情严肃，但十分亲切愉快。

他对宗教的态度十分严谨，严格遵守教规，无论斋戒祷告都认真无比，仿佛苦修者。他从来就讨厌粗话、咒语。我敢发誓，除了"圣·费南"之外，我没听他骂过一句诅咒的话。当他怒不可遏时，也只是说"上帝啊，您为什么这样？"或是"您为什么说这些？"他要写东西时，拿起笔必先写上："愿耶稣和玛利亚为我们指路。"他写得一手好字，光凭这天分，就能挣钱吃饭。

《发现美洲》
第三卷《文件资料》

奥维多笔下的哥伦布

1493年，哥伦布第一次远航归来，编年史家奥维多（Gonzalo Fernandez de Oviedo）在巴塞罗那见到了他。

……他身材健美，仪表堂堂，个子比中等身材略高一点；体格强壮，目光炯炯有神, 五官端正, 头发稍带红棕色, 脸色红润, 有雀斑。他善于吐属, 才思敏捷, 拉丁文很好, 而且天体方面的学识很丰富。他心情舒坦时, 很讨人喜欢, 可是他一旦生气, 就会翻脸不认人。

奥维多
《印度通史》

鲁依·德·比内 (Ruy de Pina) 谈哥伦布
这位葡萄牙国王若昂二世的御用史学家对哥伦布无甚好评。

这位海军元帅孤高自傲, 谈到他自己时, 总是遮遮掩掩。此外, 他不太注意礼节, 而且挑剔成性。

《发现美洲》

哥伦布的语言
一个人说出的话, 反映他性格中较深层的部分。哥伦布所留下的文件, 全是用卡斯蒂利亚语写的, 向来是有关人士研究的重点。西班牙散文家依巴内 (Vicente Blasco Ibañez) 的看法, 可说是此类研究的个中权威。

他懂得多种语言, 可是都不精通, 这是海员的通病。在各种语言中,

他的西班牙语讲得最好, 他以西班牙文写的文章, 带有一股自然质朴的诗般的清新。我很欣赏他, 他可算是那时代里富有吸引力的作家了。有人怀疑, 他那些给友人的信和致西班牙君王的备忘录, 由他西班牙籍的手下修改过。这说法似乎不可信, 因为他不可能随时随地带个改稿人在身边。尤其在航行中, 当他在航海日志上记事时, 更不可能找人代笔。

布拉科·依巴内
《哥伦布奇航记事》

来自新大陆的冲击

第一次远航胜利归来，
哥伦布欣喜之情溢于言表，
兴奋之余，难免有时候会把
新发现的海岛形容得太美好。
他倒不是虚情矫饰——
尽管到了现代，这些岛屿的
生态环境已大受破坏，
哥伦布初见它们时，却真的是
质朴自然的人间宝地。
此外，由于哥伦布最先抵达
大安的列斯群岛，遇见的
土著是和善的阿拉瓦克人，
而不是骇人听闻的食人部族，
所以他在陶醉之余，对于未来
可能会出现的景致更加憧憬。
但这眼前的美景，
不久竟血迹斑斑。

1492年10月12日，安的列斯群岛上美景历历

一来为了赢得他们的好感，二来我也发现他们很随和。所以，若想使他们改信基督教，用爱心要比强迫他们改宗来得恰当。于是，我送他们几顶红色软帽、几串玻璃珠子，他们拿来戴在脖子上。对这些不值钱的小礼物，他们十分感兴趣。就这样，他们渐与我们打成一片，真是好极了。后来，他们泅水而来，上到我们的小船，带了鹦鹉、棉线团、标枪等等，向我们换取玻璃珠、小铃铛什么的。他们满心喜欢拿走了想要的东西。

这些人似乎一无所有：他们光着身子，女人也不例外。来的女人里，只见到一个较年少的，而男人都是年轻人，不超过30岁，身体矫健，长得很讨人喜欢。他们的头发粗如马鬃，刘海儿垂到眉际，发长及肩。有的头发很长，好像从来没有修剪过。

他们和加那利群岛上的人一样，既不是黑人也不是白种人。他们当中有些人身上涂着棕色，还有一些人身上涂白色，另一些人涂着鲜红色或其他杂色。有的人在脸上上色，在眼圈四周涂色，也有的仅在鼻子上有一抹色块。他们并不带武器，甚至不知武器为何物。有一次我把佩剑拿给他们看，可是他们根本不知道是什么东西，竟然用手去抓刀刃，结果把手给划破

了。他们没有铁器，所谓的标枪只不过是木棍而已，有些人的标枪头上装着鱼牙或类似的东西。

这些人身形矫健，步履轻盈。我看到几个人身上有伤疤，就用手势问他们怎么回事，他们说附近岛上有人来此抓人，他们为了自卫就和来人打起来。一定是有人从欧陆来此，抓他们去当奴隶。这些土人该是很好使唤、很机灵的，因为我发现他们很快就能复述我对他们所说的话。另外，我认为他们会接受基督教，因为他们并没有任何宗教派别。

这个岛很大，地势平坦，没有山脉，树木葱葱郁郁。岛上淡水丰富，岛中央有一个很大的珊瑚礁湖。整个岛屿一片碧绿，让人心旷神怡。

《发现美洲》
第一卷《航海日志》

初识烟草滋味

哥伦布虽然没有找到香料，但1492年11月6日这天，他却找到了一种东西，神奇无比。他这时并不知道，日后此物价值非凡。

两个基督徒半路上遇到一群男女，正要回村，手上拿着尚未燃尽的草茎，吸着草茎冒出的烟，动作娴熟，显然已是生活习惯了。

史学家拉·卡萨有更详细的说明

……这是干草叶，外面又用某种干叶子包起来，像是孩子们在圣灵降临节（Pentecôte）时玩的纸爆竹。这东西一头燃烧，另一头他们吸着烟气。看他们吸烟气的神情陶陶然，仿佛浑身舒坦。

这些"爆竹"（管它叫什么），当地人称为"烟草"（tabac）。

在西班牙岛上，一些我认识的西班牙人，已染上这吸烟的习惯了，我严厉禁止这习惯。他们却说无法戒掉这瘾头。

我不清楚这东西是什么滋味，也不懂吸烟到底有何乐趣可言呢。

《发现美洲》
第一卷《航海日志》

见证哥伦布首航归来的人

伊莎贝拉王后的教堂神父、意大利书简作家贝特鲁·马梯尔·当吉拉

（Pedro Martyr d'Anghierra），为我们留下了宝贵的资料。这些书信记载了当时的实际情况，从中可以明白，周遭的人如何看待这事件。

1493年5月14日，致金马刺骑士让·包洛梅

有一个原籍利古里亚（Ligure）的人，名叫克里斯托弗·哥伦布，远游归来已数日。他百般游说才从君王那里要到三艘船，得以完成这次冒险。当初，他的计划确实被认为是空想。可是他现在回来了，带回珍贵的物品和从这些地方采得的黄金。……

1493年9月13日，致邓梯拉伯爵暨格勒纳德大主教

智慧的长辈，请留神注意一桩不寻常的冒险活动。你们当还记得，有个叫哥伦布、籍贯不详的人，好几次来到国王跟前，要求国王批准他去未知的半球航行。这个计划经过多方研究，你们也参加了讨论。我想是你们当时同意了他的计划，然后他才远行的。今天，哥伦布已经安然归来，自称发现了美妙的东西。……他们吃一种灌木的根，这根有棕榈叶这么长，上面满是块茎。……岛上见不到四足动物，倒有一种不伤人的巨型蜥蜴，以及一种如老鼠一般大的小兔子。

1493年10月1日，
致布拉加（Braga）大主教

有个叫克里斯托弗·哥伦布的人，航行到了地球另一端，直抵印度附近地区——至少他这么认为。他发现了好几个岛，据说离印度不远，宇宙学家称这些岛为东大西洋"以外"的岛。这说法似乎不符合地球面积，但我倒愿意相信。……他还说，以后的发现会更惊人。能够知道这世界的另一半是什么模样，原来神秘的地方不是谜团了，这就够了！就在去年，哥伦布发现了印度；今年4月到达巴塞罗那，见到了国王陛下。国王身体依然虚弱，但伤口已无大碍。

奥维多的见证

随海军元帅回到宫廷的六名印度人，不知是自愿，或听了别人的话，向国王要求受洗。国王和王后同意了。国王和王子成了他们的教父，把他们当中一个取名叫唐·斐迪南·德·阿拉贡，这人原籍西班牙岛，是瓜卡纳加里王的亲戚。又给另一人取名为唐·朱安·德·卡斯蒂利亚。其余的人各有自己

的名字，都符合天主教会的教规。王子需要一名帮手，于是那个叫卡斯蒂利亚的，就留在王子殿里服务。王子下令，要以对待宫廷骑士之子的礼仪来对待这印度人。王子对他关心备至，不但教导他教义，还要宫中总管照料他的生活。我见到这个印度人时，他的卡斯蒂利亚语已说得相当不错了，可惜两年后就死了。其他几名印度人在海军元帅第二次远航时，一起回西班牙岛去。……

《发现美洲》
第三卷《文件资料》

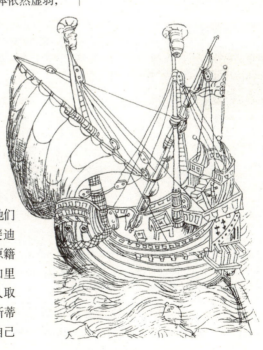

泰诺人的信仰与宗教礼仪

"在这些岛屿上、
在当地居民家中,
我都没有发现任何宗教
或偶像崇拜",
哥伦布在首次返航后如是说。
他因此预感到
让这些泰诺"印度人"信奉
基督教不会太困难。
但是,从第二次航行开始,
他发现这些人有
自己表达信仰的宗教礼仪。
于是,他要求一位随行教士
研究他们的习俗和风尚。
后来这项研究成为有史以来
第一篇人种学论文。

这篇论文的作者是隐修会修士拉蒙·巴内(Ramon Pane),他曾对泰诺"印度人"做过认真的调查研究,但他的手稿已经丢失。幸运的是,费南多·哥伦布曾经得到过原文抄本或原稿,并在他父亲的传记《大洋元帅的生平》中有所引用,而我们现在见到的只是这部传记的意大利文版。值得庆幸的是,意大利作家马梯尔·当吉拉也曾经知道这篇文章,他在《新大陆》中对之有详细叙述。这具有特殊价值,因为,他是在一篇用卡斯蒂利亚语写的文章中引用的,各种人名在文中转译肯定比用意大利文更接近印第安文的发音。

泰诺人的至爱

尽管拉蒙·巴内为人正直,他还是无法理解那些在他看来只是粗俗迷信的活动。他认为,泰诺人尊崇至高无上的神,而他们钟爱的先祖的"灵"与"形"、他们可能畏惧的"可怕威力"只不过是些妖魔而已。

他们虔诚地相信,在任何人都没有去过的天上,有一位名叫奥加乌伐凯毛鲁贡侬(Ocahuvagué Maoroconon)的不朽者,虽然他有一个拥有阿达贝(Atabei)、伊尔毛加卡(Iermaoguacar)、阿比托(Apito)、朱马科(Zuimaco)五个名字的母亲,但却不知道自己的生日。我遇到的印度人都知道自己从何而来,知道太阳与月亮的起源,知道海洋如何生成,知道逝者去往何方。他们认为逝者会突然在独行者面前出现,但如果是遇见一群人,逝者会隐身而退。泰诺人的祖辈向他们灌输这些信仰……另外,泰诺人说太阳和月亮是从酋长摩西阿梯费埃尔(Maucia Tivuel)居住的岩洞里诞生的。岩洞名为乔伏伐奥(Giovovaau)。这个岩洞内壁布满图画,作为"崇拜"符号,图画中没有人物形象,只有一些树叶形状的图案。岩洞内还有两座石雕偶像,大小不及常人的半条手臂,呈现的是

双手被缚的形象;有人说,石像身上流着汗水。印度人虔诚崇拜这些神。每当天旱时,他们就会去拜神,而马上天就会降雨。

马梯尼诺(Martinino)的传说

1493年1月13日,一个印第安人对哥伦布谈到马梯尼诺岛,"岛上只有女人,没有男人"。哥伦布于是想到亚马孙人的神话故事,总有人责备他是在想象他梦寐以求的东西。不过,没有男人的女人岛的神话故事确实在泰诺人的传说中存在,尽管

巴内的讲述有些模糊。

瓜古吉奥纳（Guagugiona，马梯尔·当吉拉的文章里的Vagoniona）带着所有女人一起出发，他动身离去是为了开辟新的领地，最后到达马梯尼诺。一到新地方，他就抛下那些女人，离开她们去了一个名为瓜宁的地方。

有关那些女人的归宿没有任何文字记载，相反，倒是流传着《创世女人》的另一种神话。

下雨时，他们经常沿循女人的足迹外出，却始终没有找到一个女人。一天，他们正在洗澡，发现有几棵树突然倒下，树杈之间闪现出某些人的形象——非男非女，非雄非雌；而当他们赶去要抓住这些"人形"时，"人形"立刻踪影全无。（一旦抓住，他们会问：）她们如何变成女人的呢……他们要找一种名为英利利（Inriri）的鸟，相当于现在的啄木鸟。他们把抓到的超性别的人手脚捆起来，把英利利鸟挂在这些人身上，鸟以为这些身体就是树枝，开始啄起来，直至啄穿可以看出是女性的身体部位。据祖先的说法，印度人就这样有了女人。

"偶像"的诞生

木质偶像是这样产生的：有人在外出旅行时发现有一棵树的根在动，一下子惊呆了，于是在树前停下来向树发问，树回答他说："我是布依伟梯鸟。你去拜访那个能告诉你我姓名的人吧。"这个人于是去寻找树提到的那个医师，并对医师诉说自己所见到的一切。……巫师很快跑到那棵树跟前，坐在树下，嘴里嚼着科吞巴，向树发问："你要我把你砍掉运走，为你建造带有庭院的神庙吗？"这棵树，也就是偶像齐米什（Zimiche）或魔鬼——回答了这个人的问题，并且详细告诉他自己想要被刻成什么样。

萨满教医术

如果有人生病，就会请来布依伟梯鸟（医师）……医师和病人一样捂着嘴巴，显出满脸愁容……他们两个一起吸入科霍巴粉末清洁身体，这种粉末会让他们心醉神迷，以至完全不知自己在做什么。出诊之前，医师会在脸上涂抹锅底烟灰或炭灰……只要医师一进屋，所有人立刻停止喧哗；孩子们被赶到屋外以保证仪式不受干扰。屋内只留下一两个最重要的人物，他们随后会食用一种叫"欢乐草"的东西……所有人都用手指揉搓这种草，把它揉成浆汁，放进嘴里，结果是原先吃进去的东西被吐出来了，药草也不会伤害他们，于是他们唱起歌来。

他们点燃火把，咽下草药汁。医

师随后会走向独自坐着的病人，他让病人随意转身两次，站在病人跟前，抓住病人双腿，从上到下轻轻拍打，然后猛然把病人拉过来，似乎要告诉他什么秘密……

在对木质偶像崇拜的必不可少的活动进行详细描述之后，拉蒙·巴内特别指出，如果医师救治失败，结果会非常严重，特别是如果死者出身显贵的话。死因可能会受到种种质疑，如果鉴定结果对医师不利，医师还可能被处以极刑。

祭拜仪式和预言

拉蒙·巴内在此详述了一次重大祭拜仪式的过程，并且和预言仪式联系起来。在征服美洲的历史中有不少类似的故事，不过这一切都表明：祭拜仪式的安排至少被模式化了，这样鞭笞攻击者就可以无所顾忌了。

他们提到一位伟大的天主……他的名字叫赛齐乌（Caizzihu）。他若发布一项禁食戒律，信徒们一般都会遵守。信徒们会自我禁闭六七天，不吃东西，仅仅服用一种草汁，并且用它清洁身体。因为饥饿，他们的身体和精神都变得极度虚弱，渐渐产生幻觉；也许他们还看到了自己渴望的东西，因为所有信徒都心甘情愿地为家族木质偶像（Zemis）的荣誉而戒斋，偶像会

告诉他们是否能战胜敌人，是否能赢得财富，等等。他们还说，这位酋长自称和乔卡乌加马神（Giocavuaghama）有过交往，并且得到这样的神谕：任何幸存者都好景不长，因为身着衣衫的僭越者很快就会到来，他们要实行统治，并且要杀害他们，让他们忍饥挨饿。印度人开始认为入侵者就是食人部落的人，但后来，他们发现，这些人只是来抢掠财物，随后就逃之夭夭：因为按照木质偶像的预言，另外一种人会来临，他们坚信，那就是大元帅的部队……

悲惨的误会

泰诺人把木质偶像或祖先的残骸埋在土里，使土壤变得肥沃。后来，泰诺人非正式地信了基督教，这是悲惨误会的根源。有些泰诺人把圣像埋在土里，哥伦布因此对这些人实行镇压，他和拉蒙·巴内一样，认为这是在亵渎神灵。这种野蛮行径造成了一系列的严重后果。

巴代勒米·哥伦布作为总督的尉官和地方长官，对作恶者进行预审，确定了他们的罪行之后会在公众面前烧死他们。

拉蒙·巴内
《印第安人古代史论述》
1992年

昂扬与低荡

哥伦布发现了新大陆以后，
荣誉、财富随之源源而来，
看来仿佛可以就此摆脱贫困，
也不会再招惹难堪的屈辱了。
孰料，往后岁月跌宕起伏，
时而意气风发的成就临身，
时而沮丧颓唐的挫折猝至，
哥伦布饱受生活磨难，
肉体和精神长久不得安宁，
总是紧张无比，难以放松。
他后来英年早逝，
与此压力不无关系。

新天地，人间天堂

哥伦布发现自己到达了陆地：奥里
诺科河三角洲。

《圣经》上记载，我们的主创造了
人间天堂，在天堂里栽种了生命树。一
股清泉从天堂流向人间，形成了四条
大河：印度的恒河；亚洲的底格里斯河
和幼发拉底河，这两条河将山脉分开，
形成了美索不达米亚平原，然后流向
波斯；尼罗河发源于埃塞俄比亚，在
亚历山大港入海。

至今我还没有在哪一本拉丁文或
希腊文的著作上，读到描述人间天堂
的文字，也没有在任何地图上，看到
过人间天堂的位置。……

我深信那里就是人间天堂；若非
依靠神灵的意志，谁也不可能到达。
陛下命我发现的这块陆地，辽阔无
比，我相信在大洋南部，还有许多不
为人知的陆地。……

我确信，这块陆地迄今未曾印上
人类足迹。

证实我这种观点的有两个事实：
其一，果然有条大河——奥里诺科
河；其二，此处海水是淡水。另外，埃
斯特拉的著作之四第六章说：地球上
十分之六是陆地，十分之一是水域。
这说法很能支持我的观点。……许多
我在别处抓到的印度人（Indiens，实
为印第安人），也印证了我的看法。他
们说，在他们所居地以南的地方是陆

地。我从圣克鲁斯岛（Santa Cruz）和圣朱安岛（San Juan，今之波多黎各）上的印度人嘴里，也听过同样的说法。……

倘若这地方真是陆地，那么这是件值得庆贺的事。想想，一条大河从那里入海，使附近40海里范围内的海水全成为淡水，多妙啊。……

我想，若这条河不是从人间天堂流来，也必是源自一块面积辽阔的陆地。这块陆地必定在南部，至今无人到过那里。我真的相信，我说的那地方就是人间天堂。

1500年岁末，哥伦布写信给王子的奶娘，再次申明他曾到达新大陆一事。

……我又出海远航，发现了一片新天地，没有人到这儿来过，甚至我敢说，没有人知道在这儿有陆地。西班牙人并不怎么重视这片土地，这不足为怪，因为他们认为我太夸张。

《发现美洲》
第二卷《旅行见闻》

1500年9月15日，哥伦布被捕

费南多在他父亲的传记里，叙述了博瓦迪利亚派人逮捕父亲的经过。

海军元帅看了国王和王后的信后，立即前往圣多明各，法官正在那里等他。那位法官为保住自己的官位，未做任何法律上的审讯，就在10月1日把元帅与其子迭戈押上船，戴上脚镣手铐，派卫兵日夜看守。法官下令严惩谈论此事的人。

贝特鲁·克鲁洛（Pedro Grullo）找来哥伦布的仇人充当证人，煽动众人前来恶言恶语地攻诘他。凡能稍微分辨事理的人都看得出来，他们的诋毁毫无根据，完全是情绪作祟。国王和王后不愿意接见这些人，深感后悔当初竟派出博瓦迪利亚这样一个人来执行使命。

博瓦迪利亚大肆挥霍哥伦本欲进贡给国王和王后的物品，以讨好

手下。他告诉众人：国王和王后只想拥有岛屿，不需其他东西，一切物质财富都归他们的臣民所有。反正这么做，对博瓦迪利亚本人丝毫无损。

他送印度人（实为印第安人）给权贵当奴隶，以便勾结他们。然后又拍卖土地和领地，他说："国王和王后不是农夫，也不是商人，他们不需要这些土地，他们愿把这些领地供臣民使用。"他设法使他的"朋友们"，以比原价便宜三分之二的价格，买下这些土地。他肆无忌惮，一心只想发财。他大力笼络人心，因为他担心行政长官从苏拉纳回来后，会成为他的绊脚石，也担心长官会用武力将海军元帅解救出来。

因此，海军元帅立即令人传话出去：为了国王和王后的利益着想，也为了不发生骚乱，要求他们在和平的气氛中前来见面。哥伦布明白，一旦回到卡斯蒂利亚，他们必然不会慎重审理，反而会草率行事，滥施惩处。然而，博瓦迪利亚不管三七二十一，依然把他和他两个兄弟抓起来。

被押送上船的路途上，博瓦迪利亚任凭无赖咒骂他们，围观的人叫嚣喧哗，大街小巷到处张贴着诽谤文字。当博瓦迪利亚得知，有人写了诋毁哥伦布的文章时，不但没有惩罚他，反而十分高兴，甚至给予奖励。于是，人人争相显露恶语伤人的本领。

当运载哥伦布的船启程时，博瓦迪利亚担心他会跳入海中后再折游回来，便派人叮嘱叫安德烈·马丁的船长，要他把海军元帅交给冯斯卡，托称这是按照冯斯卡的指令去做的。

可是，当船离港驶入大海时，船长便派人来去掉哥伦布的脚镣手铐，原来船长深知博瓦迪利亚为人狡诈。可是，哥伦布坚决不同意这样做。他说，戴上枷锁是国王和王后在信中下的命令，博瓦迪利亚只不过奉王命执行，因此他不愿意其他人按私意行事，而违抗国王和王后陛下的旨意。他坚持要保留这些刑具，打算把刑具当纪念品。他真的说到做到，我看他一直待在舱内，仿佛要这些镣铐与他一同埋葬。

1500年12月20日，他写信给国王和王后，说他已到达加的斯。当国王和王后得知，他是戴着镣铐被押回来的，立即下令恢复他的自由。他们写给元帅的信措辞慈爱，对他所遭受的苦难深表不悦，并要召他入宫。他一进宫就受到隆重礼仪欢迎。

我无权指责国王和王后，只不过，博瓦迪利亚实在是个不学无术的家伙，他们不该派他执行这使命的。因为，倘若来的是个有德有能的人，一定会受海军元帅欢迎。可是，元帅早就在给国王和王后的信中，求他们派人来了解这些反叛分子的无耻行径，最好这些家伙得到惩罚。海军元帅本人和他兄弟，则由于岛上的混乱和他们有关, 不愿采取严厉手段来对付这些反叛分子。

对这情况大家看法不一。不管别人怎么批评, 我是认为, 如果国王和王后对海军元帅的情况很不了解, 就不该遣博瓦迪利亚前往执行使命, 更不该赋予他特权。他们本该限制他的权限的。博瓦迪利亚这样乱来, 其实没什么好大惊小怪的, 因为对海军元帅的指控确实很多, 这一点, 我们前面已经提过了。

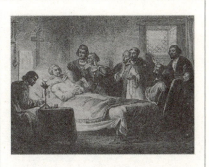

绝望中听到了上帝的声音

昔日贞德在实现伟大事业的前夕, 听到了上帝的声音; 哥伦布在完成大业后, 也听到了上帝的话语。

我高烧不退, 疲惫不堪, 独自来到浪涛汹涌的海边, 绝望至极。我费了很大劲儿爬到高处, 哭个不停。国王和王后陛下, 快快来救我, 可是, 没有人搭理我。我真是困极了, 在呻吟中睡着了。这时, 我听到一个亲切的声音对我说:

"噢, 失去理智的人! 你真是迟钝, 竟不知祈求你的上帝, 不知为上帝效力! 你可记得上帝为摩西和大卫做了什么?

"若记得, 便想一想: 从你生下, 他就倾心关注你。当你成年, 他让你的名字响遍全球。是他把富饶的印度土地给了你, 而是你自己把它交给别

人的——他本来就把全部权力给了你。大西洋的门上了重重锁链, 但他把钥匙给了你。他帮助以色列人逃出埃及时, 他又多做了些什么? 他给你的一定会比你求的更多。

"回到他身边吧, 承认自己的过错吧! 上帝是无比仁慈宽大的。你虽日益衰老, 却不妨碍你成就伟大事业, 他所施与之物无穷无尽。亚伯拉罕(Abraham)年逾百岁才得以撒(Isaac), 他妻子撒拉(Sarah)那时是年轻姑娘吗?

"你现在呼救, 可是你要先回答我: 谁让你受罪若此? 是上帝还是尘世? 上帝给你权柄, 向你许下承诺, 他就不会食言。他不会朝令夕改, 不会接受了你效劳却不认账。他不会借由让人蒙受苦难, 来给暴力涂脂抹粉。他所许诺的一切, 他一定会做到。

"我对你说过, 造物主为你和众人做了些什么。现在, 他要告诉你, 你为他人受苦受难, 可以得到什么报酬。"

我确信听到了这样一段话。蒙眬

中, 这段真言刻骨铭心, 愚钝若我竟不知如何作答, 我只能为自己的错误哭泣。那说话的人——不管他是谁——最后说:"别怕, 要有信心。所有艰辛苦难全刻在石上, 而这所有的事都不是无缘无故发生的。"

《发现美洲》
第二卷《旅行见闻》

月食奇迹

哥伦布在牙买加遇上天灾人祸: 先是船触礁, 手下造反, 然后印第安人不再提供食物。在这艰难的处境中, 他利用了一次所谓的奇迹, 化险为夷。

反叛分子走后, 海军元帅仔细照顾罹患重病的船员, 亲自为他们寻找食物, 好让他们早日恢复健康。他还要手下好好儿与印度人相处, 以便继续取得食物——印度人很乐意给我们送吃的来, 想和我们交换一些东西。我们十分认真地看待这种交易。

不久, 生病的伙伴全痊愈了, 印度人倒继续送吃的来。这些人耕种作物并不费劲, 他们拥有大片土地; 我们的人食量甚大, 一天消耗的食物量比他们二十天的量还多。

后来, 印度人渐无兴趣和我们交换物品, 我们的小玩意儿, 他们也渐渐看不上眼。再加上他们看到反叛分子作乱, 于是他们不愿再提供食物给我们, 我们的处境极为艰难。

要是我们用武力劫掠食物, 那么, 我们必须倾巢而出, 留下海军元帅一人, 可是他病得很重, 他和船只都岌岌可危。船上的人等着印度人自动送食物来, 但日子一天比一天难熬, 我们用比开始时多十倍的东西与他们交换, 而他们精打细算, 总是想占我们的便宜。

我们不知怎么办才好, 然而, 天无绝人之路, 上帝给了海军元帅启示, 告诉他该怎样因应, 以下是这件事的经过:

海军元帅想起, 本月3日上半夜会有月食。他派一个印度人, 叫来西班牙岛上的头目, 就在他主持的庆典中, 他有话要说。

月食的前一天, 酋长都来了。海军元帅通过翻译告诉他们: 我们是信仰上帝的人, 上帝在天上, 把我们看作他的臣民。上帝关心善良的人, 但是惩罚恶人。他看到臣民中有人反叛, 便不让他们来到西班牙岛, 而让他们在岛上受苦受难。对印度人也一样, 上帝看到他们给我们送来的食物很少, 却换走我们很多东西, 十分生气, 决定降下瘟疫和饥馑, 谁叫他们不信上帝。上帝将在天上显灵, 要他们明白是他降下惩罚的。今晚月亮出来时, 他们要当心, 月亮会发怒, 这就是上帝要惩罚他们的征兆。

他说完后印度人纷纷离去，有些人深感恐怖，有些人却不信邪。然而月亮出来后，恐惧便笼罩着他们——月亮升得越高，月食就看得越清楚。印度人惊恐万分，跑回船上把食物背来。他们恳求海军元帅向上帝祈祷，求上帝千万不要迁怒，答应从现在起，一定会替海军元帅送来他需要的东西。海军元帅说他愿意和上帝谈一谈，于是他独自进屋。

月食越来越大，印度人呐喊求救。过了半晌，月食开始消退，夜空又逐渐明亮，海军元帅见状便走出小屋，说他已经祈求上帝宽恕印度人，同时以印度人的名义向上帝许诺，说他们会做好人，善待基督徒，送来食物和必需品，这样上帝才会原谅他们。看到月亮不再发怒时，就表示上帝原谅他们了。

不久印度人果然看到月亮又出来了，海军元帅所说的一点不假。他们便赞美海军元帅，赞美上帝。

从此，他们小心翼翼，战战兢兢，不仅为我们送来食物和必需品，而且开始赞美上帝。他们以前也见过月食，以为是他们有过失，所以上天发怒，但是根本不懂起因，也不知道以后还会发生月食。现在他们才知道，地上的人也会知道天上发生的事情，而且相信，上帝把秘密都告诉了海军元帅。

大领主的遗嘱

哥伦布立下遗嘱，想让自己的姓氏和爵位留传百世。这心态可说是封建思想使然。

我指定我的儿子唐·迭戈，为我所有财产及爵位的继承者。同时我要确立长子世袭制，如果他没有儿子，那由我的次子唐·费南多继承。如果费南多没有儿子做继承者，那由我的弟弟巴代勒米以同法继承。如果他也没有儿子，就由我小兄弟继承，依此类推，至我这一族裔中最近的亲属。一旦没有男性后裔可为继承人，才得由女性替代。……

在此我要求儿子迭戈，只要他享有年俸和遗产一日，就必须维持小教堂仪式不废。要三位神父每日做三次弥撒，一次为三位一体，一次为送子圣母，另一次为所有忠诚的亡灵、为我的灵魂、为我父亲和母亲以及我妻子的灵魂祷告。

我还要再要求迭戈将来的继承者：务必付清我所有的债款。我要他照顾碧雅翠丝·昂里盖——我子费南多的母亲，提供她生活所需，敬她如我的恩人。这样做可使我的内心得到安宁，这是我一桩心事。

《发现美洲》
第三卷《文件资料》

圣徒形象和凡人身影

在哥伦布所处的时代，
宗教对生活的影响非常深刻。
哥伦布本人的信仰既虔诚，
又带有神秘主义的色彩。
这并不表示他不食人间烟火。
相反的，他踌躇满志，
为了一展抱负，赢得荣誉，
他巧施外交手腕，
与政治人物周旋；
发挥超凡的意志力和行动力，
克服困难，接受挑战。
虽然他也具有人性的弱点，
却由于行事独具传奇风格，
所以死后不过数十年，
形象就逐渐变得神圣而纯粹，
俨然"上帝的选民"。
转化他形象的方式不一而足，
有人把他形容成圣徒，
有人为他塑造悲剧性格，
以下是三则例子。

哥伦布的大发现源于《圣经》

致西班牙国王和王后信件的片断

主总是让我如愿：他给我判断力，他给我航海知识，他给我星象学的概念、对几何学和数学的认识，他给我科学知识和灵巧的双手，使我能画出地球平面图，标上城市、河流、山脉、岛屿和港口。

听过我计划的人，少有不嘲笑的。唯在陛下身上见到坚定的信念和锲而不舍的精神。

谁会怀疑陛下身上的这种光辉来自主？这光辉还照亮了我。

我说过，印度之行得能成真，理性、数学，甚至世界地图都无济于事。使它得以圆满实现的，是先知以赛亚的话。……

敲门吧！会有人开门的。

只要从事的是正义的事业，只要以神圣的精神侍奉主，那么，奉主之名所行的任何事都会成功。主先考验了卡特琳娜（Catherine），之后又救助她。陛下当还记得，您怎样轻轻松松，不必多费兵力就收复了格勒纳德。主把事物的决定权给了每个人，让人按自己意志去做，但主也适时提出告诫。人所能做到的一切，他都了然，也都会庇佑。

《发现美洲》

第三卷《文件资料》

纪念哥伦布发现新大陆100周年

西班牙诗人暨剧作家洛普·德·维加（Lope de Veag），写了一出"喜剧"：《哥伦发现新大陆》。在此剧中，哥伦布"衔天命"完成神的旨意这神话，有了新的诠释。

克里斯托巴·哥伦

神父！把十字架给我。我要把它按在这里，它会是一盏明灯，给世界带来新的光芒。

布依修士

这儿风水倒不错。

克里斯托巴·哥伦

都给我跪下！……

克里斯托巴·哥伦

这块新天地，以后便是我的战利品，是西班牙的战利品，是国王斐迪南的战利品。全亏你们的骁勇和智慧，才得到这块奇特的土地。这个新天地，连亚历山大也未见过。你们脚踩的这片大地，是我哥伦发现的。

布依修士

你在说什么？这印度土地，亚历山大不是在给亚里士多德的信上提过吗？在其他史书中也有过记载的。

克里斯托巴·哥伦

那是大家早就知道的印度，神父！至于哥伦这个印度，连伟大的地理学家托勒密也不晓得。

布依修士

苍天让你取得非凡的成就。无人能敌，无人能超越。

克里斯托巴·哥伦

来呀，把武器卸下船！哈罗，新世界！你好吗？

巴代勒米

你好！……

魔鬼

你往哪儿去？

杜尔冈

去做弥撒，我刚才就讲了！

魔鬼

你居然相信这假话，太棒了。这些人对你的金子垂涎三尺，却在那里故作

哥伦布第二次远航归来后,穿上修士袍,加入方济各会修士的行列,过着苦修生活。

清高。另一伙人早就趁火打劫,抢走你领地上的财富了,你居然不知道有人已打道回西班牙了。

杜尔冈

噢! 卑鄙的家伙,没良心的禽兽,竟然伪装成教徒! 叛徒! 无耻! 印度人,拿起武器! 快呀!……

魔鬼

喊哪! 拿起武器! 喊哪! 理智会帮助你,支持你! 你们一定赢! 快去! 搞垮这场弥撒!

杜尔冈

打死他们! 打死他们!

魔鬼

声音再大些!

杜尔冈

打死他们! 我要把他们全杀死。

魔鬼

快一点, 杜尔冈!

杜尔冈

我马上就让他们连笑都笑不出来。……

杜尔冈

不许饶他们! 他们徒有虔诚的样子, 其实内心狡诈得很。

泰拉扎

我完了! 真倒霉!

杜尔冈

喂! 苦命人! 安息吧!

阿拉纳

弓箭手呢? 来不及了, 他们帮不上忙了!

杜尔冈

你们满口谎言, 装神弄鬼骗人, 跑来抢金子, 还劫走我们的妻妾。

奥特

他们完蛋了。

杜尔冈

我说我们把这个十字架拔走吧。

塔比拉佐

对! 一齐使劲拔! 太好了, 它倒了。

杜尔冈

来呀! 把它弄走, 扔到海里去。(又有一个十字架从地上长出来, 长在第一个十字架的地方, 越长越大, 这时传来悠扬的乐曲。)

杜尔冈

……等一下! 这木头长大了。神啊! 这怎么回事。

塔古阿纳

瞧! 十字架又竖起来了!

塔比拉佐

大家注意!

杜尔冈

杀了这些人! 快啊! 天! 你又怎么了?

塔古阿纳

我忍不住两腿发抖。

塔比拉佐

神圣的木头, 从今日起, 你就是你臣民的主宰。请你宽恕我们吧!

杜尔冈

基督教不容怀疑, 它就是真理。谁反对它, 谁就灭亡!

塔比拉佐

叫传令官来!

洛普·德·维加
《克里斯托巴·哥伦发现新大陆》

不容宽宥之罪

昔日西班牙人在新大陆上，
恣意残杀美洲土著，
罪行确实不容开脱。
后人谴责这屠杀行径为
"丑恶的传奇"，其中寓意
很值得深刻思索。
但这反省及谴责，并不是
后代的人才猛然醒悟的。
早在那恶行肆虐之时，
就有西班牙人起来抗议，
反对国人欺诈杀害印第安人，
甚且大声疾呼，
要求妥善保护印第安人。

西班牙岛上的王国

在西班牙岛上，共有五个重要王国，岛上各部落大大小小的领主，皆听命于五个国王。……

第二个王国是马利昂（Marién），现在的皇家海港便位于北部平原的尽头。马利昂王国的面积略大于葡萄牙王国，境内高山峻岭无数，蕴藏丰富的金矿、铜矿。国王名叫瓜卡纳加里，他手下有若干权势很大的领主。我和这些领主有过一面之缘，与其中几个还能说上几句话。海军元帅来到这个岛时，首先到达的就是这个王国。

他初抵此王国时，瓜卡纳加里接见了他及随行的基督徒众。国王待他们友善无比，宛如父母疼爱子女。由于海军元帅乘的船沉没了，国王便大力相助，送食物给他们。我是从旁人那里听说到这些的。后来基督徒肆行屠杀，国王看到自己国家被毁，便逃进树林里。他的属下和各领主纷纷在奴役和暴力统治下死去，关于这一点后面会再详细叙述。

第三个王国是马瓜纳（Maguana）。这里的土壤肥沃，物产富饶，所生产的糖品质优良，是岛上最好的。国王叫考纳博。这个国王极孚众望，待人和善，仪节有度，可说是岛上诸国王中的佼佼者。西班牙人滥捕无辜，连国王也不放过，他们无所不用其极，把考纳博抓起来，装上船，打算送往卡斯蒂利亚。后来，一定是上帝意欲显灵，惩治这种违反正义的行为。当时同行的还有另外六艘船。这天晚上，刮起大风，把所有的船淹没在海里，船上的人无一生还。考纳博身系铁链，随船葬身海底。

国王有三四个兄弟，个个骁勇刚强。他们目睹兄长被人强行捕抓，看到这群人在其他王国所干的种种勾当，义愤填膺。当他们得知兄长死去，便全副武装打算报仇雪恨。西班牙人却持续恣意残杀他们的人民，大肆破坏，行为近乎疯狂。王国的大片土地终于化为荒芜之域，阒无人烟。

第四个王国是萨拉瓜（Xaragua）。这个王国仿佛全岛的大脑，也可说是精髓所在，又如指挥全体的总部。这里人所说的话比其他王国的语言来得悦耳，用字遣词也讲究，人民比其他王国的人更讲礼貌，待人慷慨又自尊，当地人的相貌也比其他王国的人美好而可爱。此外，这个王国的贵族和领主数目也比较多。

国王名叫贝奇欧，有个妹妹阿娜高娜（Anacaona）。这对兄妹对西班牙国王和王后贡献良多，数次把西班牙人从死亡和险境中解救出来。贝奇欧死后，阿娜高娜即位为王。

有一天，西班牙人在岛上的总督，带领了60名骑兵和300多名步兵来到这里。300多名领主听到召唤，不疑有诈，便无所顾忌地来了。

不料，总督设下圈套，把领主骗进草房，然后下令点火烧房。这些人被大火活活烧死，剩下的领主则被士兵们用长矛刺死，尸体堆积成山。这批领主是岛上最有权势、最受土著仰赖的。女王阿娜高娜被士兵们吊在树上，好歹保存了全尸。

有几个西班牙人出于怜悯，也可能心中有罪恶感，抱起孩子，把孩子放上马背，保护他们。可是一个西班牙人从后面赶了过来，竟用长矛把孩子活活刺死。有的孩子从马上落地，被用剑砍断四肢。

有些人逃过了这场屠杀，躲到离这里八海里的小岛上。可是，总督下令，凡是幸免的人，一律沦为奴隶。……

杀戮之后，岛上只剩小男孩、小

女孩和妇人。基督徒把他们全部占为己有，每人分配三十名、四十名不等，仿佛分赃一般分配妇孺。有的甚且带走一二百名。与总督走得近的人，就多抢走一些。印度人就此归西班牙人所有，名义上是为了教导他们信仰基督教，其实都充当奴隶去了。

这些西班牙人都是粗鲁愚昧之徒，残忍贪婪，邪恶无比。他们对待印度人的方式极不人道：把男人押到矿里采金，工作极其繁重；女人也派去耕作，天晓得，这粗活本来是男人的差事。

这些印度人吃草，吃其他无法填饱肚子的食物，营养不良是当然了。产妇奶汁干涸，婴儿很快就饿死了。由于男人和女人从不在一处，于是香火无从延续。男男女女纷纷因饥饿和劳疾而死去。

岛上的人做的苦役，简直超过平常人所能负荷的——背个三四阿罗巴（arrobe，每阿罗巴相当于12至15千克）的东西，走上三四百海里！基督徒坐在网状的吊床上，让印度人背着走。他们简直不把印度人当人看，而把他们当牲口驱使。

印度人的肩背上满是创伤，如累垮的牲口。若要细数基督徒的恶行恶状，如鞭抽棒打、拳打脚踢、凌辱咒骂等，要花很多时间、很多笔墨，说也说不完，而光听也会毛骨悚然。所以，就此打住。

有个情形必须在此指出来：1504年起，西班牙人开始在这些岛屿和土地上大肆破坏，该年恰逢伊莎贝拉王后去世。在此之前，基督徒还只在岛上少数地区肆虐，祸事还不致蔓延全岛。而这些残杀几乎全瞒着王后，因为王后极关心这些印度人的命运和他们在岛上的发展，若她知道了，一定会严惩这批恶人。

另外，这群基督徒所到之处，总是滥施暴行，大肆屠杀。尽管他们的手段已经够够残酷了，他们总能想出更残忍的刑罚。

这群人号称是上帝的臣民，所作所为却越来越没人性。上帝任凭他们陷入罪恶的渊薮，最后才会做判断。

巴托洛梅·德·拉·卡萨
（Bartolomé de Las Casas）
《西印度毁灭述略》
1552年

哥伦布何许人也

这问题的答案实在不是
三言两语就能交代清楚的。
若想通盘理解这号人物,
那么,凡有关他的各种看法,
都值得拿来斟酌一番。
历史学者根据文献和史实
整理归纳出一个轮廓;
诗人和哲学家兴发的感想,
也提供颇有创意的认识方式。
此外,若干人士长于洞悉
人与事之间的矛盾,
而能提出独具一格的见解。

乌托邦及其实践者

布洛赫是德国哲学家暨文学理论家,
也是研究文艺复兴时期宗教思想的
大家。他揭示这位冒险家的各种矛
盾。前人遗下了乌托邦理想,而哥伦
布热切地将之付诸行动。

公元1000年左右,格陵兰人埃利
松(Ericson)无意间航抵美洲海岸。但
今日只把这视为航海探险史的插曲,
不把它当作“发现”。在哥伦布以前,
就有人到过美洲海岸,前后11次。但
是,由于这些发现全是无心插柳的结
果,因此不了了之。真正的远征探险,
应当是依据使命和计划,并以发现新
陆地为远征目标的探索。当然,目标可
大可小,并非都要像哥伦布的志向一
样,遥不可及。

然而,即使像哥伦布这样虔诚的
宗教徒,也还需要财富作为诱因,这
项使命才会有结果。此外,一种对“伊
甸园”的向往之心,亦是促成冒险的动
力之一。埃尔多拉多(Eldorado)是传
说中的黄金国,据说位于亚马孙河和
奥里诺科河之间。大家口耳相传,说
这黄金国就是伊甸园。久之,埃尔多
拉多就成为伊甸园的代名词。与其说
哥伦布乘风驶向“信念中的伊甸园”,
不如说他被伊甸园吸过去。古来就有
人认为,世上某个角落有不为人知的
大陆,但因缺乏行动,所以这新大陆
不过是空话而已。

希腊学者塞内加（Sénèque）预言过：大西洋这纽带终有一日会断裂，届时图勒（Thulé）不再是地球边缘地区唯一的陆地。希腊历史学者普鲁塔克也曾设想：在月亮的阴影中，藏了一块陆地。这些说法在文艺复兴时期甚嚣尘上，但人们依然畏惧大西洋，也无足够的勇气去凭空冒险。促使哥伦布不顾危险衔命远征的动力，乃是"人间天堂必然存在"的信念。

从塞内加到但丁这数百年里，哲人学者的遐想，确是激发了世人对乌托邦的想象。但是，哥伦布所处的文艺复兴时代，除了回顾过去，拥抱古典时代，也是千禧年主义鼎盛的时代。千禧年主义给这个时代烙下的印记，远比文艺复兴加诸此时代的影响更为深刻。基督复临期的意识是政治/宗教的光辉，基督复临期是笼罩哥伦布的海上光晕。由于探险取得伟大发现，地平线遂大为扩展。但是，离东方太阳升起的地方愈近，地平线必然愈高；离天际愈近，看起来愈接近苍天。海军元帅就这样具体阐明了实证主义者马赫后来称之为post-festum的东西，这"富有想象力的生命的突起"。哥伦布比任何人都更深信人间天堂存在，深信地球上有一个最高的地方，在地理上和玄想中都各有一处。这地方正是大西洋彼岸那片土地。

布洛赫
《希望的原理》
1959年

惠特曼诗中的哥伦布

躯体凋零，犹如残木；终年凄切悲苦。
怜我者唯大海远山。
百病缠身，老耄衰颓；生命将至尽头。
踯躅岸旁，向海洋倾诉忧愁。

历尽千辛万苦，饱尝人生滋味；明天或恐挥别人间。
上帝啊，我食不甘味，夜不能寐，
我切切祷告，求能回到你身边，　．
沾你气息，沐你光辉，直陈心中委屈。

悠悠岁月，劳苦经年；未敢轻忽懈怠。
你知道，我日日祈祷恺切，夜夜读书勤快。
你知道，我深沉思索，万般遐想。
你知道，我奉献一切，未尝片刻丧失对你的信念。
无论身陷囹圄，抑或落拓失宠，我全然无怨无尤。
因这一切全是你的旨意。

你无时无刻不在：你伴我开展大业，
我为你漂流海上，四处跋涉；
筹划、意愿、渴望属于我，成就全部归你。

噢，我深信，一切皆源于你：我的冲动、我的热情、
我的无可抑压的意志、不可抗拒的使命感；
即使梦中也听到上苍的话语。

我所完成的绩业多亏你的恩典。　．
因我　地球上窒闷的王国得能再呼吸。
因我　旧大陆与新大陆得能相识。
结果或伟大或渺小　凭你决定——

也许一朝人类移殖此辽阔疆土
或能发奋，终而无愧于你。……

大限将至，顶上乌云密布。
远征结束，前方无路——船队交你带领。

饱经磨难，四顾茫然；朽木腐碎矣。
不管浪涛袭来凶猛，
我永远抓紧你，因为，你　至少我认识。

是先知借我口唇说话吗? 还是我自己在呓语?
我的一生　我知道些什么? 我这个人　我懂得几分?
我昔日之作为，今日之志业　我又了解多少?
景象变幻　飘浮游移眼前——
崭新的　完美的形象戏弄我，嘲讽我。
困惑如我! 迷失如我!

是奇迹吗　神的手拨开我的眼　我看见
庞然的　黝暗的形象，在上空微笑，
难尽数的　扬帆的船只　在远海驰航；
重重奇言妙语　嘈嘈切切为我讴歌。

惠特曼
（Walt Whitman,
1819—1892）
《草叶集》

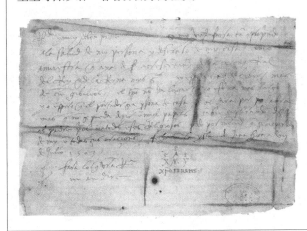

阿娜高娜，伟大的海地王后和殉难者

对克里斯托弗·哥伦布的一生
产生重大影响的那些女人，
她们没有留下
与哥伦布有关的任何文字。
米歇尔·勒盖纳编造了一段故事，
他让这些女人说话。
其中神秘而迷人的阿拉瓦克王后，
她在丈夫考纳博
——第一位起来反抗
西班牙侵略者的酋长——
死后曾经"统治"国家，
并且与西班牙"合作"过，
后来被谋杀身亡。
她的臣民遭到哥伦布的第二代
继承人的残杀。

我不是见证人。我，阿娜高娜，用你们话说就是"金花王后"，我要指控奥凡多首领，他是恶魔中的恶魔。叛变之后，他把我吊死。

我们盛情庆贺他们的到来。而他们突然用利器刺向我们，用冒火的枪口对准我们。他们包围了我们的村落，屠杀百姓，烧毁房屋，让幸存者做他们的奴隶，活得生不如死……

我是女人，男人在我面前俯首帖耳，因为水神、树神的歌从我口中唱出，水神让我成为世上最美丽的女人，我的目光能够震慑最狂妄自大的人。

我和考纳博共同治理马瓜纳，这是伊斯帕尼奥拉岛上最美丽的地方。我并不是委身考纳博的女人中的一个，我与他平起平坐，我们两个旗鼓相当。

他是了不起的武士。他原是卡利巴人，但自愿成为泰诺人，我们的人于是拥戴他做酋长。他战胜了满身长毛的入侵者，这些人疯抢女人，掠夺钱财。可是人来得越来越多，像海滩上的沙粒数也数不清。他们接受大元帅、总督克里斯托弗的鼓动，早就计划要捉拿考纳博。

我恨考纳博束手就擒，他有勇无谋，本来是可以挫败入侵者的计谋。

我不可能做失败者的妻子。所以在遇见胜利者——大元帅的兄弟巴代勒米·哥伦布——时，我已经回到我兄长贝奇欧的领地，他是萨拉瓜王，我觉得新的一页翻开了……

诸神并未用歌曲启迪我们，他们在歌唱中宣告：太阳每天都从海上喷薄而出，而他们则踏上这阳光大道。

我走到巴代勒米·哥伦布面前，年轻姑娘组成的仪仗队为我们开道。姑娘们丰满的臀部上围着一圈圈彩棉，胸前挂着白色花环，她们摇晃着棕榈叶载歌载舞。六名最强壮的男子为我抬轿，轿子上铺满白、红花朵和椰子树叶，香气扑鼻，使我的身体成为芬芳花园。

整整两天，我们不断设甘薯、田鼠盛宴款待他们，还在宴会结束时举行庆祝活动，向这些客人显示我们的勇气，让他们知道我们蔑视死亡。巴代勒米要我兄长下令停止这些表演，我于是看出我们两个还很相配。

我们在瀑布清澈的水流中欢庆我们的联姻，瀑布上面是参天大树，简直像个绿色山洞，地上布满青苔。我们随后一起——他用右鼻孔、我用左鼻孔——吸食能够产生幻觉的白色粉末。我们快活如神仙。从那时起，我们的生活充满阳光，我们的岛上看不到苦难和死亡。

而此时，大元帅早已离开我们的土地，奔赴我们无法到达的海角天涯。

巴代勒米向我说起他对自己兄长、伟大元帅克里斯托弗的尊敬。但是，当大元帅归来，我清楚地发现他并不像巴代勒米所说，是对危险遭遇一笑而过的高大强壮的武夫。他总是若有所思，犹豫不决。在听我唱歌时，我从他威严的目光中看出，他并不是聆听歌曲，似乎在寻觅弦外之音。

大元帅对弟弟说："克莉奥帕特拉就是克莉奥帕特拉。"这难道是允许我和恺撒一样，可以在三月中（Ides de mars）背叛，许诺你可以使用安东尼之剑，可以给克莉奥帕特蝰蛇？

他随即离我而去。混乱接踵而来。大元帅和巴代勒米被捕，戴着脚镣手铐走了，再也没有回来。我们的岛浸没在血泊之中。蝰蛇是否就是手持无情之剑的奥凡多？

这就是我所知道的伟大海军元帅、总督克里斯托弗的一切。

米歇尔·勒盖纳
《她们心中的哥伦布》
1997年

美洲的洗礼和维布西的神话

由于对哥伦布写的材料
不予理会, 也不想
理解他的思想,
这就造成了流传了几个世纪的
牢不可破的神话。
有人据此认为, 首先意识到
哥伦布发现的是"新大陆"的
另有其人, 不是哥伦布。
而第一个提出这种看法的是
皮埃尔·马梯尔·当吉拉。
因为在他的《新大陆十年记》中
出现了"新大陆"的说法。
他的判断来源于哥伦布本人,
哥伦布有关其第三次
远航探险的信件在皇家档案中
保存了三个世纪之久。

只要对公开发表和人们掌握的维布西的书信做详细研究, 并与其他有关材料进行比较, 这个神话就不攻自破了。

……维布西的发现……可能在1497年。对于他在1502至1504年间的信件——即哥伦布的信件的4到6年之后——的研究, 让所有严肃的研究者明显看出他声称的首次航行是虚构的, 而且手法卑劣。若把关于首次航行的叙述与他所谓第二次航行的叙述——为了西班牙的利益——加以比较, 我们会惊奇地发现, 这其实是把同一次航行的记录分割为二: 一方面, 所述情景平淡无奇(这一点他自己都公开承认, 时间仓促, 而且还不懂当地语言, 很多考察无法进行……); 另一方面, 几乎没有说出确定的地点和居民(与之相反, 哥伦布在他所有叙述中都确定了土著提供的名称), 有关他唯一一次在委内瑞拉的航行的叙述是个例外。

还有一件事可以证明: 维布西的信件中, 没有任何地方提到承担航行任务的船主和驾驶人员的名字, 所以无法确认这些航行是否真的进行过, 只能任凭人们想象这些受维布西领导的人物。其他两次航行的记录也存有不少疑点。而他所以作假, 是为了抬高自己的身价, 还是因为经人多次修改所致? 无论如何, 这样做的目的显

而易见：要否认哥伦布是第一个发现"新大陆"的人。

从日期上考虑也很能说明问题。最初的两次"航行"时期，维布西在斐迪南国王手下效力，是哥伦布的死敌。开始这种敌对还不公开，而在伊莎贝拉王后去世后，就完全公开化了。维布西写的两封信的日期正是哥伦布失宠之时，而维布西的权力却与日俱增。1502年那封信只谈到了为葡萄牙利益进行的"第三次"航行。只是在题为"第四次航行记述"的第二封信中才又一次提到为西班牙的航行。这封信在发表时既无地点也无日期，很可能被隐去时间，大概写于哥伦布去世前不久。无论如何，哥伦布对此一无所知。

可以确认的事实是：哥伦布关于第三次航行的信件及其附图传到西班牙，也就是落到冯斯卡手中时，伟大发现者的这个毫不掩饰的敌人，派奥热达带领四艘航船前往巴里耶海湾——拉·科沙是驾驶员，他非常称职。拉·科沙带着维布西，维布西当时至多只是一名水手。亚内·平松和拉·科沙一样也是一位久经考验的驾驶员，他熟识航行路线，他的第一次航行就是走的这条航线。12月，他和迪也各·德·勒普（Diego de Lepe）共同驾驶两艘或四艘船行驶于同一航线。塞维利亚（Seville）档案馆的材料清楚记载着他们1499年初出发的，而冯斯卡在6月6日签署了"投降命令"。他们沿着南美洲的海岸线一直下到马拉费翁（Marañon），确信自己是在陆地周围航行，并先于卡布拉尔（Cabral）"发现"了巴西。返回途中，卡布拉尔也经过了依斯帕尼奥拉岛，哥伦布说这"引起混乱和猜忌，但没有造成什么损害"。因此，维布西和平松是在返航后才见的面，维布西首次航行的故事能够骗过很多人也就不奇怪了。

拉·科沙的情况又如何呢？奥热达和维布西经过伊斯帕尼奥拉岛时，并没有遇见他。拉·科沙是什么时候离开船队的呢？是途经伊斯帕尼奥拉岛之前还是之后呢？可以肯定的是，他继续向西北方向航行。他之前签署过"古巴誓言"——古巴是陆地，然而他对此似乎并不那么确信。后来，他证实古巴是一个大岛，他还到过尤卡坦半岛（Yucatán）或佛罗里达，而且肯定进入了墨西哥湾。但他的航海图没有表明这一点。无论如何，他还是相信这是大陆，亚洲大陆。因为他以圣人克里斯托弗之名把哥伦布的半身像竖立在两大洲之间的航道上。哥伦布对

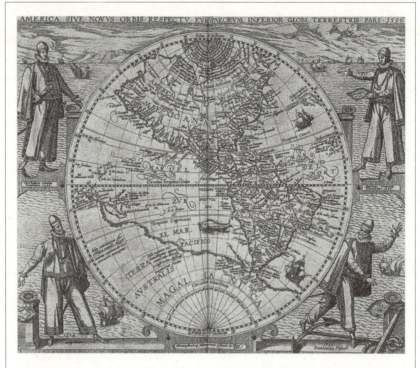

16世纪末期人们所知道或设想的西半球地图。地图四角的人像是哥伦布、维布西、马热朗（Magellan）和比扎洛（Pizarro）。

拉·科沙一直非常敬重，而拉·科沙对哥伦布的想法了如指掌。因此，哥伦布的地理学以及南美大陆的发现的两位真正见证者，均为哥伦布这位伟大探险者的第一次航行中的重要伙伴，维布西不可能没有与拉·科沙相遇。于是拉·科沙成为维布西要实施骗局的第二个缘由。

因此，维布西的"发现"其实是确认了哥伦布的"发现"，并且得到两位隐没在历史中的水手的见证。然而，直至18世纪末期，哥伦布的"发现"仍然沉睡在西班牙的档案之中。维布西的姗姗来迟的信件才让哥伦布的"发现"为人所知，并以圣梯也（Saint Die）作坊和瓦尔特森缪勒（Waldseemuller）星座盘为新大陆命名。比起哥伦布，维布西对这块陆地知之甚少，他无法确定这是一块大陆；他也比不上第一个靠近过这块大陆的拉·科沙，甚至也比不上瓦尔特森缪勒，他1507年曾靠近过这块北方土地，犹豫不决，没有下定论。最后，维布西为葡萄牙的利益做第四次（实际是第二、三次）航行，他要去确认南美海岸的卡布拉尔（维布西本人也是从平松那里得知）。关于这次航行，维布西甚至对同行者是谁都三缄其口。但我们知道，如果他真的有过"第四次"航行（葡萄牙航海研究专家们对此表示怀疑），那也是在科埃洛（Coelho）的引领下进行的。科埃洛带领的船队是做第二次即所谓的第三次远航。很多历史学家——大多是研究热那亚历史的专家——对作为水手的哥伦布的能力评价不高（其实哥伦布具有非凡才干，他是所有水手公认的航海天才）。但却没有人会对一位商人迅速掌握航海经验大惊小怪，这位商人在首次航行时还是"乘客"，当然，他很有教养，研究过宇宙天象，自己承认是受斐迪南国王之命出海。据拉·加萨家人所说，他承租了一条或多条航船。但也有人说，奥热达后来证实曾经带他学驾驶，当过德·拉·科沙的"助手"！在反对哥伦布的活动中，这样的证词颇有恭维之嫌，似乎是要应付哥伦布的后代，但没有收到什么效果，因为奥热达承认他的航行在哥伦布之后，而且他也看到过伦布给国王的信件和地图。最终有人指出，奥热达1508年又重新回来效忠斐迪南国王，在塞维利亚商贸公司担任拉·加萨的"主要航海员"。这个名分显然可以证明他具有的管理能力和科学知识还不足以统帅船队。有人甚至认为，因为他为国王效力……反对哥伦布，这个称号是对他的奖励。

哥伦布只在一封信中提到了维布西。可以肯定，自1492年起，哥伦布就认识他。这封哥伦布1505年2月5日——即他去世前一年——写给儿子的信，写于佛罗伦萨信件1至3年之后。哥伦布在这封信中写道："他一直想讨好我；他是个大好人，他和许多人一样不太走运。他的工作没有给他带来什么好处，好像是理所当然的事情。他还去见国王，诚心诚意地想为我做点什么。至此，我仍然不知道能让他做什么对我有用的事情，因为我不清楚别人要他在那里做什么。他就这样毅然而去，决心为我做些力所能及的事。你看，他能为我做什么？好好想想：因为他什么都做，又说又干，处处小心，避免别人对他有什么猜忌。而我，我只说一些我能够说的话。我告诉他，我过去和现在都是靠自己的劳动赚钱。"哥伦布接着写道："陛下可能认为船队去了印度最富足的好地方。"他们谈到维布西的航行。显而易

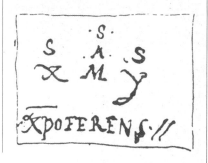

见，他们之间并无芥蒂。如果哥伦布在这个问题上曾经有过不同意见，他又怎么可能不对儿子说呢？因此，如果维布西关于"四次航行"的信件写于1504年，而且如他所说的那样发表了，那他不仅仅是彻头彻尾的说谎者，而且还是个地地道道的伪君子。那些竭力为他树碑立传的人，还是应该考虑一下信有可能是被操纵的。有一件事铁证如山，无法否认：拉·加萨的后人曾说过，一位叫安德烈·德·摩拉尔（Andres de Morales）的人，见证了对哥伦布后人执行桑塔费（Sainta Fe）的优待条约的法庭诉讼，这个人参加过1499至1500年间奥热达和维布西的航行，他证实那确实是他们的首次航行。

哥伦布本人在1500年写给王子的奶娘的信中还说："如果我曾经抢劫过印度或它对面的土地……那在西班牙，人们就不会对我那么敌视……"

米歇尔·勒盖纳
《揭秘哥伦布》
2002年

五百年之后······

有关哥伦布以及
他的"发现"的结果的争论
一直没有停止过。
有两个主题从此反复出现,
所以有必要从根本上
澄清这两个问题讨论中的
偏差和混乱,
即哥伦布在发现新大陆中
所起的真实作用,
他在五个世纪之久的殖民化
历史中应该担负的责任。

有人认为,哥伦布是航海外行,他取得成功只是因为偶然机遇,歪打正着,还有人说,当时的科学家都反对他,因为他们比他更清楚地球的大小;这些说法都是错误的。哥伦布和那些科学家一样,几乎准确无误地掌握埃拉托塞尼和托勒密的计量标准,托勒密的标准更低一点,这是从阿拉伯人那里传到欧洲的。但这不是问题所在,问题是当时公认的大洋的面积。当时科学界坚信托勒密的说法,他出于和谐的考虑,确定欧亚大陆宽度(古人说的可居住陆地的面积)为圆面360度中的180度。不管用什么方法计量地球,大洋都会占180度,当时,驾驶航船是不可能横渡的。然而,希腊地理学家马林·德·梯曾经肯定可居住的陆地面积更为宽广,哥伦布接受了他的计量并且添加进去他从马可·波罗作品中推断出来的数据,马可·波罗本人曾经到过中国,并且还提到过中国东部是日本。在马林的基础上,哥伦布又针对这块地方增添了30度。因此他得到的大洋为80度,用亚里士多德的话说这是"窄的"。而"窄的"大洋是可以横渡的。

为什么这样选择?因为哥伦布通晓许多科学家不知道的事情。水手哥伦布观察到大海把一些欧洲和非洲没有的植物抛到海岸边,在爱尔兰海岸边的沉船上甚至还停放着两具古怪尸体。而这些都不可能跨越180度的地球。

犹太人的信仰中，上帝答应要赐下一块土地，以建立属于上帝的国家。上图显然传达了这种期待，而哥伦布的新发现着实令犹太人以为，那新大陆就是上帝的应许。

这些判断来自传说中的大西洋岛屿：安地利亚（Antilia），布拉齐尔（Brasil），圣布兰登群岛（iles de saint Brandan）……葡萄牙人其实已经发现了马德尔群岛（Madere）和亚速尔群岛（Acores）。不过，之后的许多探险却失败了，但却没有让哥伦布泄气，他对自己的理性推断充满自信，何况他还具有非凡的胆识，足以让他成为跨洋第一人。

那去什么地方？去印度，即去亚洲，这是多少世纪以来各种历史书、教科书、辞典中反复出现的地名。但是，奇怪的是，对于一个从马可·波罗那里知道中国是拥有各种奇珍异宝、疆域辽阔的帝国，日本是拥有金屋顶的国家的人而言,他的小船队只装载了一些平常货物,在到达古巴时,他以为那是中国南方,他的船队没有驶向中国,而是向南进发。

法国红衣主教阿里写过《世界印象》一书,哥伦布曾经从其中汲取过丰富的科学营养。红衣主教在这部著作中指出,亚洲南部也许有一块或数块未知陆地,而这正是哥伦布的第三次航行努力要寻找的。在他抵达今天的委内瑞拉海岸并且顺着海岸线航行时,他确信自己已经发现了这些陆地。哥伦布就这样成为发现南美洲是前人未知的"新大陆"的第一人。不过,直至去世,他还认为亚洲位于这块新大陆的北面。

因此,哥伦布的发现绝非偶然。至于他的误差,那是所有探险家在探索过程中都可能发生的差错:人总是从误差开始最后到达真理。

哥伦布的同代人、专栏作家高马拉几乎立刻就深切领会了发现"新大陆"的重要意义。他写道:"开天辟地以来,除了造物主的降生和死亡,最伟大的事件就是发现印度"。对一位基督徒而言,这段话很有分量。的确,发现新大陆几乎立时轰动欧洲,并不断深化其影响。发现新大陆构成了最伟大的历史转折,因为由此,相互缺乏了解或互相隔离的人类,渐渐进入相互沟通的时代。这有好处,但也有坏处。事实是,南北大陆的原住民受到的伤害最大。

但是,这能归咎于哥伦布吗?怪罪他是荒唐的!旧世界发现这两块陆地的存在,对于在旧大陆已发展到相当水平的科学技术、对于特别是15、16世纪之交时期的政治、经济都产生过重大影响。

如果发现新大陆的时间再迟一些,或不是哥伦布而是由别人发现的,那么,这个发现会产生不一样的结果吗?在漫长的一个世纪中,西欧各国继续对新大陆进行探索,并随后对发现之地加以殖民化,这样的事实,反过来从不同方面说明:类似的错误与罪恶会玷污过去年代出于最美好意愿开始的事情,这就是哥伦布当时的情况。很遗憾,人类的全部历史都不容许任何美化。

米歇尔·勒盖纳

大事记

1451（或**1447**） 哥伦布出生于热那亚。

1456 卡达·莫斯托发现佛得角。

1460 葡萄牙人到达狮子山（Sierra Léone）。

1466—1468 哥伦布首次出海航行。

1469 阿拉贡的国王斐迪南和卡斯蒂利亚的国王伊莎贝拉联姻。

1471 葡萄牙人越过赤道。

1472—1476 哥伦布效力于勒内大公，参与袭击费南迪纳号海盗活动。

1474 托斯卡内利地图问世。

1476.8.13 哥伦布所乘的卡桑诺夫·古隆号海盗船在圣维森特角沉没。

1476.12—1477春 哥伦布到达爱尔兰和冰岛。

1477秋 哥伦布定居里斯本。

1478 西班牙宗教裁判所活动开始。
托勒密的《地理学》首次印刷出版。

1479 哥伦布娶菲利巴·莫尼兹·贝雷斯特洛为妻。

1480 哥伦布居圣港岛，儿子迭戈出生。

1481 葡萄牙国王阿方索五世去世，若昂二世即位。

1481—1482 哥伦布与托斯卡内利通信来往。

1482 迪奥各·凯到达刚果。

1482 哥伦布到达加纳。

1483—1484 哥伦布向葡萄牙国王若昂二世提出计划遭拒绝。

1485 菲利巴去世。哥伦布赴西班牙，前往拉比达修道院。

1486—1491 哥伦布向梅梯纳-西多尼阿公爵和梅梯纳塞利公爵提出自己的计划。梅梯纳塞利公爵接待了他，他不能帮助他。

1486.5 西班牙国王斐迪南和王后伊莎拉召见哥伦布。

1486—1487 王后提名组成的委员会不接受哥伦布的计划。
哥伦布在科尔多遇见碧雅翠丝·昂里盖·德·阿拉纳。

1487 西班牙王室再度拒绝哥伦布的要求。

1488 巴托洛姆·迪亚士到达好望角。玫瑰战争结束。

1488.8.15 哥伦布次子费南多出生。

1492.1.2 收复格勒纳德。

3.31 西班牙发布排犹法令。

4.17 西班牙国王和王后接受哥伦布提出的"协议条件"。

5.22 由平松协助，准备远航事宜。

第一次航行

1492.8.3 从帕洛斯启程。

8.12 到达加那利群岛。

9.6 启程横渡大西洋。

9.24 水手反对继续西行。

10.12 哥伦布到达圣萨尔瓦多岛。

10.28 发现古巴岛。

12.6 到达西班牙岛（又叫圣多明各，即海地岛）。

12.24 哥伦布所乘的大帆船沉没。建立"圣诞"要塞。

1493.1.16 启程返航。

2.15 致函桑当耶，遇风暴滞留亚速尔群岛。

3.4 哥伦布可能在里斯本拜见若昂二世。

3.15 哥伦布到达塞维尔。

4月底 哥伦布胜利归来，在巴塞罗那受到国王和王后的欢迎。

1493 教皇亚历山大六世发布西、葡瓜分世界的谕旨。

第二次航行

1493.9.25 17艘船从加的斯动身。

11.3 到达多米尼加，发现瓜德罗普、波多黎各。

11.27 到达西班牙岛（海地），"圣诞"要塞已化为灰烬。

1494.1 建立伊莎贝拉城。

3月 哥伦布建立圣多马要塞。

4月 发现牙买加岛。

6月 发表古巴誓言。
签订《托德西拉斯条约》。

9月　巴代勒米·哥伦布到达美洲。

1495.3—1496.1　第一次殖民战争。

1496.3.10　尼尼亚号和印度号（在当地建造）返回西班牙。

6.11　船抵加的斯。

1497　让·卡波到达北美。

1497.6.15　西班牙王室授予哥伦布特权。

1498.2.22　哥伦布把长子继承权给迭戈。

第三次航行

1498　达·伽马到达印度。

1498.5.30　从圣卢卡尔启程。

7.31　到达特立尼达。

8月　哥伦布在奥里诺科河入海口发现陆地。

1499　罗尔丹在海地岛发动叛乱。

1500　葡萄牙人加布拉偶然发现巴西。

1500.8.23　博瓦迪利亚到达海地。哥伦布及其两兄弟被捕。

10月　哥伦布到达加的斯，国王和王后下令释放哥伦布三兄弟。

12.17　西班牙国王、王后接见哥伦布。

1501　哥伦布编撰《预言书》。

9.3　奥万多被任命为印度总督。

第四次航行

1502.5.11　从加的斯启程，巴代勒米和次子费南多同行。

9.12　到达洪都拉斯海岸。

10月　哥伦布沿巴拿马海岸航行。

1503.5　哥伦布到达古巴。

6月　在牙买加买沉船，奥万多拒绝救助。

1504.6.28　孟戴兹相助，哥伦布脱险。

9月　哥伦布回到海地岛。

11.7　回到西班牙。

11.26　伊莎贝拉王后去世。

1504—1505冬　哥伦布到达塞维尔。

1506.5.20　哥伦布去世。

1507　瓦尔德塞弥勒在自制的地图上，为新大陆取名为美洲。

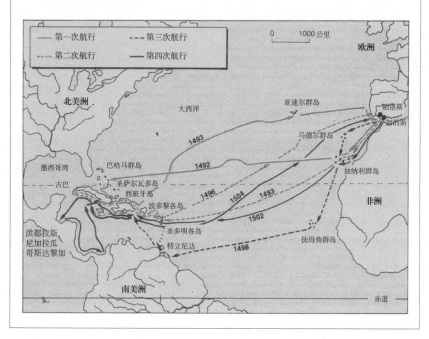

图片目录与出处

索引

著名的法国浪漫派画家。其作品多采取具有
文学性质或历史意涵的主题，色彩丰厚浓
重，擅以颜料表现光影和内容。

F

中古时代之郡地，位于西北部欧洲沿海地
区，大约包括今日比利时北部一带及荷兰、法
国的一部分。昔日文艺风气鼎盛，贸易纺织业
兴隆。

G

H

图书在版编目（CIP）数据

　　哥伦布：大西洋的海军元帅／（法）勒盖纳(Leguenne, M.) 著；顾嘉琛译. — 长春：吉林出版集团有限责任公司，2015.1
　　（发现之旅）
　　ISBN 978-7-5534-6308-7

　　Ⅰ．①哥… Ⅱ．①勒… ②顾… Ⅲ．①哥伦布，
C.（1451～1506）—生平事迹 Ⅳ．①K835.465.89

　　中国版本图书馆CIP数据核字（2014）第292466号

Tous droits de traduction et d'adaptation réservés pour tous pays © Gallimard 1991. Chinese language publishing rights arranged with Gallimard through Bardon–Chinese Media Agency. Simplified Chinese translation copyright © 2014 by Jilin Publishing Group.

吉林省版权局著作权合同登记
图字 07-2014-4419

发现之旅 04

GELUNBU DAXIYANG DE HAIJUN YUANSHUAI

哥伦布　大西洋的海军元帅

[法] 米歇尔·勒盖纳　著

顾嘉琛　译

出版策划：	刘　刚　孙　昶
项目执行：	孙　昶
项目助理：	赵晓星　刘虹伯　邓晓溪
责任编辑：	孙骏骅　赵晓星
责任校对：	王诗剑
出　　版：	吉林出版集团有限责任公司（www.jlpg.cn）
	（长春市人民大街4646号，邮政编码：130021）
发　　行：	吉林出版集团译文图书经营有限公司
	（http://shop34896900.taobao.com）
电　　话：	总编办：0431-85656961　营销部：0431-85671728
印　　刷：	吉林省吉广国际广告股份有限公司
开　　本：	880mm×1230mm　1/32
印　　张：	5.75
字　　数：	170千字
图 幅 数：	180
版　　次：	2015年6月第1版
印　　次：	2015年6月第1次印刷
印　　数：	1—5 500册
书　　号：	ISBN 978-7-5534-6308-7
定　　价：	35.00元